Adiós al matrimonio

Adiós al matrimonio

Parejas en busca de nuevos compromisos

Luciano Lutereau

Obra editada en colaboración con Grupo Planeta - Argentina

© 2022, Luciano Lutereau

Diseño de portada: Departamento de Arte de Grupo Editorial Planeta S.A.I.C.

© 2022, Editorial Paidós SAICF – Buenos Aires, Argentina

Derechos reservados

© 2023, Ediciones Culturales Paidós, S.A. de C.V.
Bajo el sello editorial PAIDÓS M.R.
Avenida Presidente Masarik núm. 111,
Piso 2, Polanco V Sección, Miguel Hidalgo
C.P. 11560, Ciudad de México
www.planetadelibros.com.mx
www.paidos.com.mx

Primera edición impresa en Argentina: febrero de 2022
ISBN: 978-950-12-0400-1

Primera edición impresa en México: febrero de 2023
ISBN: 978-607-569-406-1

Impreso en los talleres de Impregráfica Digital, S.A. de C.V.
Av. Coyoacán 100-D, Valle Norte, Benito Juárez
Ciudad De Mexico, C.P. 03103
Impreso en México –*Printed in Mexico*

a Marina Esborraz

"A mí el *darkness* en el amor me da una paja...
Yo te la voy a hacer fácil: la vas a pasar bomba,
te cocino divino, te re garcho, pero no me jodas.
Quereme mucho, cuidame, recontra cogeme y te voy a
querer, pero no me jodas. No creo en el drama del amor.
¡Pare de sufrir! Cuando no funciona... paja, chicos, paja".
Deborah de Corral, *Rolling Stone* (2012)

ÍNDICE

Prólogo   13

Introducción. La pareja en el siglo xxi.   25
¿Para qué sirve la terapia de pareja?   33

Capítulo 1. La pareja es conflicto.   37
¿Estoy en pareja con un seductor?   41
Amor en tiempos de virtualidad ¿o amores virtuales? . .   47

Capítulo 2. Yo no me quiero casar, ¿y usted? . .   51
Mi amor, hagamos un trío.   56
Amor a la distancia   61

Capítulo 3. Por qué el amor duele.   65
Una enfermedad llamada "deseo".   69
La estúpida decisión de tener hijos.   73
Amor y deseo, en cortocircuito.   77

Capítulo 4. ¿Por qué algunas mujeres aman
tanto a los varones?   81
Amores excesivos.   84
¿Es importante el tamaño?   90

Capítulo 5. Infidelidades de ayer y hoy   95
Infieles del siglo xxi.   100
Los varones que se enamoran de otra mujer   103
La formalidad de una pelea.   107

Capítulo 6. Mujeres: ¿intensas o deseantes? . .   113
Son todos iguales.   121

Capítulo 7. Los amores que perdimos   127
¿Volver con un ex o perder un deseo?.   134

Capítulo 8. Parejas tóxicas, parejas dependientes   143
Sobre la dependencia inconsciente   147
Cómo dejar de ser niño.   155

Capítulo 9. ¿Necesitamos estar en pareja? . . . .
Soledad, narcisismo y conflictividad   159
El amor después de una separación.   167

Capítulo 10. Mujeres que ya no esperan   171
La soledad femenina   178

Capítulo 11. ¿Quién cree en la pareja?   183
De la omnipotencia a la impotencia   190
La impotencia masculina.   195

Capítulo 12. Animarse a desear.   199
¿Puede haber sexo entre amigos?   206

Apéndice. Para qué psicoanalizarse   211
Agradecimientos.   215

Prólogo

La pareja es el "gran" problema del siglo XXI. Ya sea por la inestabilidad vincular que varias personas testimonian, o bien por las opciones de relación que surgieron en los últimos años y que no se basan en la pareja.

La inestabilidad vincular, por ejemplo, se reconoce en la creciente tendencia a la seducción sin compromiso, pero también en las que de un tiempo a esta parte se llaman "parejas tóxicas". Por el lado de las opciones de pareja, no me refiero solo al poliamor, o a las parejas nombradas como "abiertas", sino también al reconocimiento del lazo de amistad como erótico.

Que hoy hablemos de lo "sexo-afectivo" demuestra que la palabra "pareja" es solo un pequeño ítem o posibilidad de lo que puede unirnos a otra persona. Ahora bien, ¿por qué digo que la pareja es un "gran" problema, si más bien podría decirse que hoy somos más libres que cuando la única vía era la del matrimonio en la temprana juventud?

Es que la libertad siempre trae problemas, ya que nos obliga a tomar decisiones que antes eran impensables, lo mismo que asegura nuevas responsabilidades. En una época de transición como la nuestra, creo que vivimos aún en el desconcierto y que todavía no logramos estar a la altura de nuestra nueva capacidad de explorar el amor.

Este libro es una pequeña contribución, desde mi perspectiva como psicoanalista, para aquellos que hoy sufren porque quieren estar con alguien y no encuentran que otro quiera lo mismo que ellos; para aquellos que no saben estar solos, o bien construyeron vínculos dependientes cuyos efectos descubrieron tardíamente, a veces con dolor; para aquellos que, en pareja, quisieron probar otras opciones y se encontraron con el efecto de tener que resolver malentendidos; para aquellos que lastimaron o fueron lastimados y quieren pensar algo de lo que les pasa, para comprender(se) antes que juzgar(se) y para muchos más, porque este libro –en definitiva– es para todos aquellos que sabemos que, en el amor de este siglo, ya no alcanza con decir "marido" y "esposa" ni "hasta que la muerte nos separe".

* * *

Si consultáramos libros clásicos de terapia de pareja (de mediados del siglo xx), veríamos que en ese entonces lo más común era que consultaran matrimonios que luego de varios años (¡décadas!) se preguntaban: ¿cómo seguir juntos? Hoy en día, la pregunta es: ¿podemos estar juntos? Lo demuestran los casos cada vez más habituales de personas que llegan a la consulta con apenas unos pocos años juntos, o apenas unos meses… si no unos días, como en la ocasión en que recibí en mi consultorio a una pareja de un hombre y una mujer que se habían conocido en unas vacaciones y, como vivían en diferentes países, iniciaron una relación a distancia que, al poco tiempo se entorpeció por los celos y las peleas constantes a través de llamados telefónicos compulsivos. En mi consultorio, después de las dos semanas que habían compartido en un país que no era el de ninguno de los dos y las tres veces que habían viajado para visitarse, fue la cuarta ocasión en que se encontraron.

En la actualidad no solo se consulta cada vez más temprano, sino que también llegan consultas que son hijas de nuestra época, signada por el impacto del feminismo. Por ejemplo, hace un tiempo recibí a una mujer que consultó porque tuvo una importante oferta de trabajo y su novio se mostró en desacuerdo. Al principio ella se enojó, sintió que él no la acompañaba, incluso fue a ver a una referente del espacio de mujeres del que participa y, curiosamente, esta le respondió: "No metas al feminismo en este lío que no tiene nada que ver" y le sugirió que consultase a un analista, quizás porque notó que había recurrido a ella para que otra mujer la justificase. Después de escucharla, pensé que el suyo, hasta hace un tiempo, era un conflicto típico de los varones: la tensión entre la realización pública y el deseo en la vida privada. Esa palabra usó ella –"deseo"– para referirse a que nunca había pensado el amor como algo que pudiera estar de otra forma que supeditado a su vocación. Me pregunté: ¿serán muchas (o cada vez más) las mujeres que hoy viven conflictos que antes pensábamos como "masculinos" porque los vivían principalmente varones? Y si el conflicto no es masculino, sí lo es responder en términos de renuncia: tiene que limitar su vida laboral si no quiere perder su amor. Incluso contaba esta mujer lo tonta que se sintió por siquiera pensar algo así, en un contexto en que otras mujeres le decían que él era un egoísta –yo pensé: la envidia nunca tuvo género–. Por suerte, su referente fue más inteligente y sensible; es como si le hubiera dicho: no uses el feminismo para hacerte una visión conformista del otro y fijate qué deseo se te juega. En eso estamos, porque su análisis continúa y, eventualmente, ha venido a la consulta con su pareja. Aprendo mucho del dolor al escucharla, de cuánto cuesta hacerle lugar a un "nosotros" cuando –para cierto sector social– es más estable la carrera individual a la que el otro se acomoda o... adiós.

Por otro lado, también en esta línea de razón de época, creo que hay otra coordenada en la que podemos estar de acuerdo: en el siglo XXI el deseo de hijo no surge siempre en una pareja. En muchísimos casos, ocurre que las mujeres, después de los 30 años, se encuentran con que tienen que ver qué hacen con eso. ¿Me equivoco? Hace cuarenta años (según estadísticas que cualquiera puede chequear en Internet) la edad promedio para tener hijos era de 23 años. Esto cambió. Hoy son muchas las mujeres que, post-30, no están en pareja y se preguntan qué hacer. En particular, pensemos algunos escenarios:

1. La mujer que se decidió a avanzar con ese deseo y después conoció a alguien, ¿por qué haría de ese otro un padre? Puede ser que con el tiempo lo sea, quizás no quiera él, tampoco ella; quizás quieran ser pareja y no padres juntos.

2. La pareja reciente que se decide a avanzar con ese deseo; sin embargo, no llegaron juntos a la decisión y, por lo tanto, viven cosas distintas, con la ansiedad de querer lo mismo, pero que no sea de los dos.

3. La mujer que está en una relación y decide continuar en ella debido al proyecto de un hijo; antes que él por el deseo en la pareja, por lo que a veces alguien llama "la flojera de volver a conocer a alguien a estas alturas" o el miedo a "empezar de nuevo".

Estos son escenarios que para Sigmund Freud hubieran sido impensables, que no se tienen en cuenta en su elaboración del origen del deseo de hijo, que modifican incluso nuestra idea de filiación (cuando, por ejemplo, hoy es posible planificar embarazos). Es un tema que resulta importante pensar bien: en las páginas de este libro también dedicaré algunas observaciones a las funciones parentales. En todo caso, aquí me importa destacar que un deseo implica atravesar decepciones. Quien no quiere decepcionarse, no avanza con el deseo. Realizar un deseo es lo contrario de que se cumpla y, para explicar este punto, quiero decir a continuación algunas palabras sobre los "hechos", la realidad y respecto de que el psicoanálisis es una experiencia para pensarnos a nosotros mismos de manera crítica y reflexiva.

* * *

Hay un modo básico de pensar la relación con la realidad: los hechos ocurren y solo se trata de percibirlos. Así es que hay quien dice "Los hechos son los hechos", pero ¿es lo mismo que esta frase la diga el filósofo Aristóteles o la utilice un tirano como Stalin? En este punto, el recurso a los hechos puede revelar no solo intenciones diferentes, sino que esos mismos hechos se pueden modificar en función de quien hable.

Los psicoanalistas pasamos una buena parte del día escuchando hechos; pero ¿qué escuchamos en el relato de los hechos? A quien habla, sobre todo para situar la relación íntima que tiene con la evidencia: ¿necesita los hechos para justificar alguna acción? O, tal vez, ¿los requiere para que se reconozca un dolor que aún no se puede nombrar de otro modo? Esto no quiere decir desconocer la realidad de los hechos, porque incluso un tipo de relación con la evidencia es la expectativa de que esos hechos sean indubitables. Esto es lo que, por lo general, llamamos "verdad". Hablar para decir la verdad también es un tipo de enunciación y un modo de hablar. En efecto, los "discursos de la verdad" organizan una parte importante de nuestros discursos cotidianos y, por cierto, con este tipo de pretensión es que hicieron de la realidad algo bastante aplastante y cada vez más enloquecido.

En cualquier lugar, siempre hay alguien dispuesto a hablar para decir cómo son las cosas, si no cómo deberían ser. El pensamiento devenido consigna, eslogan o tuit que establece casi un dogma es el pan de cada día en nuestra sociedad. Y en este concierto de verdades que se vociferan, se pierde la dimensión de la palabra, la pregunta por quién habla, por cuál es su posición respecto de lo que dice; hoy en día se habla y se habla, se repiten frases más o menos ingeniosas, pero nadie escucha. Cada quien se pronuncia con verdad y espera adhesiones, que se nos crea por el solo hecho de hablar, mucho más si esa verdad se comunica con indignación; pero a nadie se le ocurre pensar que la verdad se puede decir para seducir, para lastimar o, incluso, para mentir.

Si escuchar es el primer paso del pensamiento, para restituir el carácter de diálogo de la palabra –para no olvidar que hasta la verdad supone a alguien que la dice–, pienso que el psicoanálisis es una práctica en la que no se puede afirmar livianamente que "los hechos son los hechos". A veces se dice que el psicoanálisis busca responsabilizar "de más" a las personas, que se "hagan cargo" de los hechos (por ejemplo, sus fracasos en el amor); pero no creo que esto sea así, porque esta actitud sería equivalente a decir: "Estos son tus hechos" –otra versión de "los hechos son los hechos"–. Más bien creo que el psicoanálisis interroga los hechos, no para ponerlos en cuestión, sino para buscar a quien habla.

Por ejemplo, hace unas semanas un amigo tuvo una entrevista laboral. Estaba algo decepcionado, porque le dijeron que esperaba cobrar mucho y no estaba tan capacitado. Cuando me lo contó, con tristeza, se me ocurrió decirle que de la misma manera podría decirse que los empleadores habían dicho que querían pagar menos por un especialista, es decir, que su propuesta decía algo sobre ellos y no solo sobre él. En este punto, él me comentó que no lo había pensado. Por cierto, si lo estábamos hablando era porque constituía el principio de empezar a pensarlo. Entonces, mi amigo me contó algo que otras veces ya habíamos charlado: que la decepción es un modo en que él reconoce los hechos, que es cuando se siente triste que logra tomar ciertas decisiones, no siempre las mejores.

Mi amigo no es la única persona que conozco que necesita sentirse desechable para, luego, tomar algún tipo de decisión. Mi amigo se enoja, pero una mujer que conocí hace unos años, me contó otra situación. Ella hablaba de su pareja, de que le molestaba que él llevara el teléfono al baño, porque no podía dejar de pensar que la estaba "cagando". En este punto, independientemente de lo que él hiciera con el teléfono, lo cierto es que los celos de esta mujer eran una buena manera de no saber que él "cagaba", aunque lo supiese de manera consciente, pero eso no vale nada. Ahora bien, la pregunta en este punto es por qué ella responde con un síntoma –que el otro la desprecia– cuando siente que su pareja está en otra: ¿no es ir al baño uno de esos actos solitarios en los que la relación con otro necesita un compás de espera?

En este punto, me importa decir que las dos referencias anteriores no valen porque hablen de tal o cual cosa; justamente, no dicen nada sobre hechos, ni sobre las personas que los narraron; más bien atraviesan los relatos para ubicar cómo la palabra, cuando se presta al diálogo, desagrega lo sucedido para establecer el modo en que una vida no se cuenta a partir de detalles íntimos.

Podemos hacer de nuestros días una reflexión permanente acerca de "hechos", a los que podemos calificar de "objetivos", también como "íntimos" y, por ejemplo, darles el valor de explicación de quiénes somos y qué vivimos. Sin embargo, si nuestra identidad es algo más que un conjunto de presunciones acerca de quiénes creemos que somos, es porque –de vez en cuando, el psicoanálisis es una de esas oportunidades– podemos dar un paso más allá de los hechos y recuperar una voz que, como en la canción de Joaquín Sabina, es capaz de decir: "Esta boca es mía".

En este libro, decidí incorporar las voces de muchas personas que me escribieron en este tiempo sobre cuestiones de pareja. No solo comentaré casos de mi práctica, sino que incluiré los testimonios de algunas personas que, en este tiempo (a través de la radio, la televisión o mis columnas en diferentes diarios y revistas) se comunicaron conmigo para que les diga algo o utilice su experiencia como punto de partida para reflexionar, dado que a veces lo que le ocurre a alguien es común con la vida de otros. Así es que cada capítulo contará con una primera parte de exposición teórica y, luego, vendrá la parte en que le haremos lugar a la escucha, como si estuviéramos en un consultorio abierto. Confío en que esta será la vía para que consigamos comprensión conjunta (autor y lectores) y vayamos más allá de la intelectualización, para imaginar horizontes vitales compartidos.

Este prólogo no escapa a esta dinámica; por eso, para concluirlo comentaré un caso que brinda una reflexión sobre el amor en el marco de la pandemia que asoló al mundo en los dos últimos años.

* * *

Elías (43 años): *Estoy en una relación hace un año, nos conocimos en la pandemia y, durante los primeros meses, la pasamos súper. Fue como despegar en un avión, al poco tiempo empezamos a vivir juntos, por las restricciones y porque había algo de resistir en apostar al amor, hicimos de la cama una trinchera. Lo que te quiero consultar es algo muy puntual: ¿conoces casos en que después de un primer momento muy arriba, la cosa se empieza a desinflar? Yo me siento un tipo grande, no creo que nuestro caso sea como el de un enamorado que de golpe se despierta y ve la realidad, porque además estamos bien, venimos hablando con ella de este asunto, pero hay algo que cambió. Por ejemplo, nos preguntamos si seguir conviviendo, si no fuimos efecto de las circunstancias y, ahora que hay que ir retomando la vida "normal", queremos cuidar lo que tenemos y no ser negadores, nos falta conocernos un montón y ya tuvimos ciertas peleas que muestran que algo tenemos que hacer y no forzar. Gracias por lo que puedas decirnos.*

Es un placer recibir un mensaje como el de Elías. Primero, porque denota una gran madurez en el modo de plantear aquello que lo aqueja; no digo que sea maduro por lo que le pasa, sino por la actitud reflexiva que puede tener ante los "hechos". En segundo lugar, me gusta que su texto no habla solo por él, sino que nos introduce en el diálogo que tiene con su pareja y este es un factor importantísimo: a veces, cuando alguien habla de su pareja, puede ser que lo haga con la más completa indiferencia y ahí uno se pregunta hasta qué punto hay una pareja en juego en esa relación, o no. El mayor indicador para evaluar la condición vincular de alguien no es el tiempo que pasó junto a otra persona, sino si es portavoz de un discurso dialógico. Y esto, en el caso de Elías, es claro; aunque él nos diga que está en pareja hace un año (¿es mucho o poco?) lo importante es que en esa relación hay una voz colectiva.

Dicho esto, vayamos a consideraciones más específicas de su consulta. Por un lado, es interesante notar que la pregunta que formula no es la que él quiere que respondamos. Cuando plantea si conozco casos en que, después de un "primer tiempo muy arriba", la cosa después se desinfla, él ya tiene una respuesta. El problema es que no puede dejar de plantear esta inquietud sin culpa. Acto seguido dice: "Yo soy un tipo grande", es decir, el descubrimiento de eso que ocurre en el amor le produce malestar. De alguna manera, Elías no quiere que esto le pase –o que le pase de ese modo–. Quizás siente que los años tendrían que haberlo puesto a salvo del desengaño; es linda la imagen que propone del inicio de su relación como el despegue de un avión, a toda velocidad, que luego acompaña con una reflexión: el ser efecto de las circunstancias. Detengámonos en esta expresión.

Creo que es parte también de una madurez significativa poder descubrir que mucho de lo que nos pasa es un "efecto", es decir, que nos produce un conflicto; me parece que esta actitud es la prioritaria para no naturalizar nuestros sentimientos ni darlos por hecho y hacerle lugar a una instancia de elaboración. Lo que nos cuenta Elías es el pasaje en una pareja a algo más que una mera declaración sentimental (del estilo "Yo te amo, ¿tú me amas?"), para poder asumir la herida que implica pensar que un vínculo es una relación en que dos se sienten más bien "atrapados". Hacer valer la rectificación amorosa es todo lo contrario de constituir el "nosotros" que una pareja supone. Para dar este paso ya no alcanza con hacer de la cama una "trinchera", resistencia que funciona para oponerle al mundo (con o sin pandemia) el milagro del amor, sino que es preciso hacer otro tipo de apuesta.

Me resulta muy valioso que en este pasaje, en la consolidación de este vínculo, Elías pueda ser valiente como para decir cuánto les falta conocerse con su pareja. Y creo que este extrañamiento es el que a veces algunas parejas no toleran, cuando se quedan a nivel de la pasión como razón última, cuando esperan que la pasión decida qué pasa entre ellos. Es preciso ser valiente para pensar que tal vez ahora tienen que retomar otros intereses y, por ejemplo, dejar de convivir, sin por eso interpretar ese paso como un retroceso; es preferible darse cuenta de esa frustración (y asumirla) que "forzar". Lo cierto es que nuestra cultura hoy en día vive el amor de una manera muy forzada: quien ama todo el tiempo tiene que dar pruebas de su amor, reconocerse como enamorado; esto atenta no solo contra amores más reales, sino también contra una ética del amor, que se base en el cuidado. Pienso que la culpa que expresa el mensaje de Elías es porque se da cuenta de que le está fallando a esa moral amorosa que convierte las relaciones en un ir para adelante constante; así es que muchos terminan estrellándose.

La nuestra ya no es la época de los amores vividos, sino la de los amores que no fueron, los que quedaron a mitad de camino, porque se fundieron, porque chocaron con inseguridades, porque no pudieron hacer de los obstáculos nuevos motores. Creo, Elías, que en este punto nunca se es grande como para despertarse; porque pienso que no te estás despertando de un enamoramiento, sino de un modelo vincular que pensó el amor como fusión y, ahora, se te presenta la chance de un nuevo amor, más dialógico y comprensivo.

Para concluir este prólogo, quiero decir que tal vez esa "vida normal" a la que planteas regresar no es la prepandémica, sino un tipo de vida que hoy les toca vivir con tu pareja; normal, no porque sea "saludable", sino como para no huir de los conflictos, sin que estos se transformen en peleas. Me parece que esta es una excelente manera de entender qué quiere decir no ser "negadores", porque el negador no es quien niega esto o lo otro, sino quien se niega a sí mismo la capacidad de pensar aquello que lo incomoda. En una pareja, el crecimiento no está en tener parejas que duren, que no impliquen tensiones, en las que esté todo bien. Una pareja que crece como tal es aquella en que cada uno le concede al otro una palabra capaz de modificarlo, receptiva y, a veces, dolorosa, porque no todo se soluciona con amor, pero no porque el amor no alcance, sino porque el amor es aquello con que enfrentamos lo que no tiene solución.

Con el relato de Elías les doy la bienvenida a este libro, que quisiera sea leído de acuerdo con un aforismo que alguna vez pensé y que, para mí, resume lo central de la práctica terapéutica del psicoanálisis: "Lo más simple –y difícil– no es entender lo que nos pasa, sino poder vivirlo".

LA PAREJA EN EL SIGLO XXI

Hoy en día creemos que el matrimonio ya no es nuestro modelo de pareja, aunque seguimos pensando a esta última a partir de ese formato: por ejemplo, cuando pensamos la pareja desde los síntomas del deseo –como los celos, las infidelidades, etc.–, o bien a partir de la superposición de los roles conyugales con roles parentales, no porque la pareja sea necesariamente para tener hijos, sino porque las funciones de padre y/o madre se reproducen dentro del vínculo ("No quiero ser su mamá", dicen aún algunas personas).

Preguntarse qué es una pareja hoy implica no tanto una crítica de estos elementos, sino pensar otro modo de amor. Incluso el error de algunos libros o textos sobre poliamor está en pensar sobre este telón de fondo y, por ejemplo, proponer el poliamor como una moral para que esas cosas no pasen, lo cual –por supuesto– termina en un ideal impracticable.

No alcanza con decir "No hay que ser celoso", "No hay que ser posesivo", "No seas su mamá (o su papá)"; no alcanza y no sirve para ningún cambio real. Otro modo de amor empieza, por ejemplo, cuando hoy nos animamos a reformular la amistad, a no verla como un vínculo de segunda categoría o propio de una etapa de la vida (la adolescencia) que requiere la deserotización como condición y una complicidad incondicional (pero diferente a un vínculo dispuesto a las consecuencias).

Hay muchos motivos por los que alguien busca estar en pareja; el amor y la necesidad de crecimiento personal (con otro) no son siempre el prioritario. Está el caso de quienes están siempre en pareja. Desde el punto de vista consciente puede decirse que les cuesta estar solos, que son dependientes, etc. Sin embargo, hay una razón inconsciente que es preciso tener en cuenta: hay personas que suelen estar siempre en pareja (o todo el tiempo piensan en el amor en función de un vínculo) porque a través de la definición amorosa (como novios, esposos, etc.) sustituyen una identificación más pesada: como hijos.

Quienes buscan el amor desesperadamente lo hacen porque necesitan huir de sus lazos endogámicos familiares; es decir, porque no resolvieron aún la relación con la familia en términos infantiles: necesitan la pareja para no sentirse niños. ¿Cuál es la consecuencia? Que sus relaciones amorosas adquieren un carácter infantil desplazado. Estas relaciones suelen ser de enorme conflictividad o bien de suma dependencia.

Estar en pareja puede ser la única vía para que los padres no llamen a cualquier hora; también puede ser la única excusa para que los hermanos no caigan y se instalen en tu casa, etc. Una pareja puede ser un dique para recuperar cierta armonía y algo de distancia con un entorno familiar endogámico; pero los diques, tarde o temprano, se rompen.

Además de los motivos para su origen, otro tema fundamental en las parejas de hoy en día –y al que nos dedicaremos en este libro– son las separaciones. Sin embargo, en esta introducción quisiera dejar sentada una posición: separarse no es una decisión.

Separarse puede ser una amenaza, un intento desesperado de buscar alivio, una consecuencia, algo que decimos cuando no sabemos qué decir. Separarse es un acto imposible, porque creemos que se trata de separarse de otro, cuando en verdad nos separamos de nosotros mismos. En una separación, a través de otro nos separamos de algo propio. Este es el ejemplo máximo de paradoja vincular: le pedimos a otro que acepte un proceso personal, pero así no conseguimos más que hacerlo depender de su reconocimiento. Esto quiere decir que cualquier palabra que diga el otro puede cambiar nuestra posición.

Separarse no es algo que se decide como tal, salvo para confundir(se). Separarse es un proceso que se descubre con otras decisiones, al cabo de las cuales, un día alguien dice: "Estamos re lejos". Una separación no se plantea como una provocación, a ver qué dice el otro; es algo que se descubre por la mañana, mientras uno se lava los dientes; o una tarde cuando por la ventana no se mira nada en particular; o de noche, un ratito antes de dormir o al despertarse en la madrugada después de un sueño cualquiera.

Entonces uno dice: "Me separé" y ni siquiera es que me separé del otro; ese "me separé" se parece más a un "me partí" o "algo se rompió en mí" y, a partir de entonces, se trata de buscar la mejor manera de hablarlo con el otro. También a veces ocurre que esa separación se da cuando ya se dejó de estar con el otro hace mucho tiempo.

En concreto: casi nunca, cuando hablamos de una separación o la planteamos en un vínculo, estamos pensando en separarnos. La mayoría de las veces es una maniobra para expresar un malestar de esa relación. Incluso pensar en separarse puede no tener nada que ver con una separación posible. Otra cosa es lo que pasa esa mañana, esa tarde o esa noche en que, a solas, se descubre que ya se está en otra parte.

Por otro lado, de un tiempo a esta parte los vínculos sexo-afectivos se volvieron el campo en que aparecen muchos términos relativamente nuevos. A algunos de ellos me voy a referir en las páginas siguientes, pero en esta introducción quisiera decir algo sobre la llamada "responsabilidad afectiva". A veces la pensamos como si fuera un tipo de sinceridad que lleva a un vínculo armonioso; desde otro punto de vista, en cambio, implica reconocer la dimensión conflictiva de un vínculo. Por ejemplo, entre dos personas se da algo, se empiezan a enganchar, de repente una arma otra cosa y la segunda lo nota; se lo pregunta y aquí surge el malestar. Pongámoslo en un diálogo ficticio (pero que perfectamente podría adaptarse a varias situaciones):

–¿Andas con alguien?
–No.
–Pero ¿no te estás viendo con X?
–Sí, a veces; no es importante.
–¿Y lo nuestro?
–Lo nuestro, igual que siempre.

Este esquema podría aplicarse a una pareja de novios, en la que uno comienza a tener un amorío y la otra persona sospecha. También podría aplicarse a dos personas en un primer tiempo de conocerse, cuando todavía a veces se dice "no somos nada", pero supongamos que una ve que a la otra le llega un mensaje de un tercero. Y así hay mil situaciones a las que podría aplicarse.

La "responsabilidad afectiva" a veces se plantea como un sincericidio que transgrede la intimidad personal. No creo que este sea un modo constructivo. Nada que se parezca a una vigilancia puede ser propicio en un vínculo. En todo caso, en el ejemplo que menciono, lo problemático es que quien está en otra no lo reconoce como un modo de retener la expectativa del otro. Entre varones es una práctica habitual, basada en que decir "deseo a otra persona" puede ser doloroso para quien lo escuche, pero al menos le da la chance de elección; quizás tenga que hacer un duelo, pero la respuesta dada está sobre la mesa y, a partir de ahí, se puede recuperar alguna libertad. Digo "entre varones", porque con el deseo de un varón suele jugarse más claramente la importancia de su deseo y la validación que otorga (por supuesto, por causas sociales). Esto podría matizarse hoy, pero no es lo importante aquí.

En una interpretación bastante simplista de la responsabilidad afectiva, se la suele hacer equivalente a "no ghostear". Esto es muy simplista, porque fácilmente se cae en el reproche ("Si no me respondes, eres mala persona, está mal") y un ideal ingenuo (algo paranoico) que juzga sin comprensión. Creer que la responsabilidad afectiva es para este moralismo victimizado (el otro es malo, yo soy bueno), es invisibilizar problemas serios, como el conflicto que entre dos se pone en juego respecto del deseo, sobre todo cuando uno decide por otro por miedo a perderlo.

Se usa "responsabilidad afectiva" para no decir "moral afectiva" (porque en una moral siempre se dice qué está bien y qué está mal) y para situar la conflictividad que el deseo impone a un vínculo, complejo, atravesado de inseguridades, temores y otras vulnerabilidades; cuando estas no se comparten, se puede caer en una irresponsabilidad, no porque se sea una mala persona, sino porque esos conflictos se resuelven mejor con otro, para no caer en la culpa y la manipulación.

Otra escena central para pensar la pareja del siglo XXI: las tecnologías. Un malestar común, que no surge de las redes pero que en ellas se potencia, es el peso de la falta de respuesta o, mejor dicho, la interpretación de la no respuesta como falta de respuesta. Veamos un ejemplo simple: ante el cartel de un evento en el que está la información, alguien escribe, justamente, para pedir información. No es distracción, no es torpeza, sino la necesidad de que otro diga lo que ya sabe (lo que está ante los ojos). En ciertos intercambios esto es frecuente, más aún cuanto más impersonal es.

La virtualidad a veces transforma una escena de deseo en un problema de poder, en un tironeo, en un lazo de forcejeo y reproches. Aprender a orientarse en la virtualidad es importante para no perder el deseo. La relación personal con la espera es clave, pero para eso el paso previo es plantearse la pregunta de por qué necesitamos confirmar algo que ya sabemos.

Hace tiempo que en mis intervenciones radiales y televisivas desarrollo una idea que aquí quiero ampliar: creo que es preciso dejar de pensar con un código y términos morales (del siglo xix) a un sujeto amoroso que requiere nuevas categorías, algunas ya entrevistas por el psicoanálisis con nociones como las de "falso *self*" o la reformulación más reciente de la parafrenia, como resultado del tipo de personalidad que la virtualidad fue imponiendo en estos años. Dicho de otra forma, ¿podemos seguir pensando como "cobarde" a quien no puede cumplir una promesa o responder con un acto? ¿No son cada vez más las personas que en la seducción sin consecuencias encuentran una "realidad paralela", más o menos fabulatoria y disociada del resto de su vida, si es que viven por fuera de sus "perfiles"?

Si en este tiempo encontramos desequilibrados que han hecho de su condición de *haters* y *trolls* una pasión por la que no necesitan que alguien los remunere, ¿por qué no habría equivalentes de estas vidas *fake* en los comportamientos amorosos? Tratemos de pensar mejor esta situación con un ejemplo: cada tanto una página nos pide que confirmemos que no somos un robot; nuestra demostración (hacer clic en un botón) reprime que quien nos lo pregunta es un robot. Entonces, el retorno de lo reprimido es que quien demuestra no serlo, podría serlo perfectamente; dicho de otra manera, no hay nada más aparato que querer demostrar que uno no lo es. Ahora bien, si esto aplica a un trámite simple, pensemos en cómo se reproduce en un chat, por ejemplo, entre dos personas que se conocen a través de una aplicación o red social: la interacción humana rápidamente queda intercambiada por un código desesperado de estímulos y respuestas. Situación típica: alguien recibe un mensaje y debe acreditar la recepción, pero para eso necesita responder.

En una conversación humana, nadie le pregunta a otro reiteradamente (salvo que tenga algún problema psíquico) "¿Me estás escuchando?", porque incluso a veces podemos prescindir de la atención del otro cuando le hablamos. A veces alcanza con su presencia. En un chat, el otro tiene que demostrar que está ahí, aunque no esté, pero no tiene que ofrecer un intercambio humano, alcanza con que responda que no es un robot; pero ya sabemos qué pasa cuando esto ocurre. Mi preocupación en este tiempo es que seguimos evaluando con categorías "humanas" –perdón que lo diga así, pero a un robot no le pedimos compromiso afectivo, sino que funcione– interacciones de otro tenor, aunque las consideremos bajo el título de "seducción". Todo un vocabulario reciente, usado para describir "irresponsabilidades virtuales" (desde modos de comentar en redes, seudoconversaciones en foros, declaraciones de amor e intensidad amorosa con personas desconocidas, enojos feroces con ideas no compatibles con las propias, etc.) corre el riesgo de ser una moralina que descuida el telón de fondo: la destitución de la subjetividad en sus eslabones más básicos.

No tener un cuerpo está enloqueciendo a mucha gente y nos está dejando en el borde de lo "humano". La contracara de la moralina, por otro lado, es un discurso que se pretende inclusivo y, en busca de evitar la estigmatización, descuida aspectos que, si no se quieren pensar como patológicos, al menos es preciso interrogar desde el punto de vista de sus condiciones; por ejemplo, la actualmente llamada "asexualidad" en jóvenes, que no sé bien qué es, pero que yo entiendo en términos de una deserotización. Para mí, es un tipo de pregunta en estos días respecto de si no hay algo más funcional al capitalismo que personas que sacrifiquen su erotismo. Quiero plantear la pregunta, creo que es preciso abrir un debate y no darlo por clausurado con respuestas anticipadas. Quisiera ofrecer un punto de vista para quien quiera conversar.

Quisiera recuperar la noción de "disfunción" y darle un estatuto que no sea moral; puede parecer una noción ajena al psicoanálisis, pero Freud la utiliza, por ejemplo, para hablar de la inhibición. Me parece mejor la noción de disfunción que la de trastorno, justamente para no patologizar. Incluso creo que es más adecuada clínicamente, en un tiempo en que se "prefieren" las disfunciones a los síntomas. El problema surge cuando se empiezan a considerar disfunciones como "nuevas formas de normalidad". Por ejemplo, en varias notas recientes se habla de la "asexualidad" juvenil como una nueva opción, injustamente diagnosticada, etc. Me parece un error. Otra función del yo, además de la sexualidad, es la locomoción. Que una persona decida no caminar más y, por ejemplo, utilizar silla de ruedas, cuando dispone de la posibilidad de desplazarse con sus piernas, no es sano. ¡Los neuróticos del siglo XIX tenían parálisis, cegueras, etc., pero querían caminar! La locomoción no es solo física, también es desplazamiento mental, trabajo anímico.

Es un tipo de movimiento el que también impone la sexualidad. Entonces no es sano que alguien no quiera o no pueda moverse. Entiendo que vivimos en una sociedad hipersexualizada, pero sin erotismo; el mandato sexual impone resistencia, pero la "asexualidad" no es una salida, es más bien otra forma de sufrimiento. No creo que se pueda justificar como una opción. Me preocupan esas notas que, cada día, en nombre de la ampliación del sujeto, no hacen más que eliminarlo. Me preocupan también los colegas que piensan lo mismo que yo y no dicen nada en voz alta porque temen ser incorrectos, temen que los fundamentalistas que creen que está mal hablar de patología los vengan a buscar, me preocupan porque regalan muy fácil su criterio profesional y, si para algo estudiaron, estoy seguro de que no fue para dejar que periodistas y personas sin formación opinen sobre temas que nosotros investigamos.

En las páginas de este libro no renunciaré a mi punto de vista para ofrecer ideas que sean políticamente correctas. Hoy en día existe un falso igualitarismo psi, más de sentido común que basado en un dispositivo de trabajo, que en cualquier momento va a plantear que cualquier cosa es una opción más, en nombre de la libertad; pero esto no tiene nada que ver con la libertad, sino que es el neoliberalismo aplicado a la salud mental, más cercano a un eslogan de Nike que al psicoanálisis. Yo no voy a ceder en los resultados que se desprenden de mi práctica; y, para concluir esta introducción, plantearé la pregunta que más veces me han hecho en los últimos años.

¿PARA QUÉ SIRVE LA TERAPIA DE PAREJA?

Silvia (43 años): *¿Sirve la terapia de pareja? Con mi pareja varias veces pensamos en ir, pero también pienso que ya estamos desgastados y tal vez sea mejor separarnos y listo. ¿Cuándo sirve ir al psicólogo, para que no sea una pérdida de tiempo?*

Ante todo, Silvia, quiero decirte que tu pregunta es muy buena y expresa lo mismo que inquieta a muchas otras personas; por eso vamos a desmenuzarla y pensar diferentes cuestiones, que *te sirvan* a ti y a los demás.

En primer lugar, tomemos este verbo: "servir". Es muy importante que una consulta con un terapeuta produzca un resultado concreto, que uno se lleve una idea concreta de dónde está parado y qué puede hacer. Sin embargo, que la consulta "sirva" no es igual a que encontremos una respuesta inmediata o una solución del estilo "Esto es lo que hay que hacer". En un proceso terapéutico no hay recetas, sino que se trata de un tiempo y un camino que es preciso transitar para que, a través del acompañamiento profesional, cada quien se conozca a sí mismo y decida lo mejor para su vida.

Entonces, es importante que la terapia sirva, pero no es un recurso utilitario ni un parche para seguir como si no pasara nada; por eso, para que el tratamiento sirva, hay un paso previo: estar disponibles para hacerse preguntas que a veces son incómodas, de las que tal vez no sepamos a dónde llevan, que

33

incluso asustan un poco o quizás angustian; pero para esos momentos es que contaremos con el sostén del terapeuta, para no aflojar en esa transformación personal que, a veces, es la única vía para cambiar la realidad.

Dicho todo esto, es claro que, si alguien no está dispuesto a pensarse y a encontrarse con algunas cosas de sí que no le gustan, mejor tiene que probar por otro lado. ¿Esto es garantía de que no se va a perder el tiempo? Eso nunca está asegurado, pero por otro motivo: a veces ocurre que se consulta a un terapeuta por un problema específico y, sobre la marcha del tratamiento, se descubre que la dificultad estaba en otro asunto, menos aparente. En este punto, la consulta de Silvia sobre la pareja permite pensarlo de la mejor manera.

Es posible que dos personas vayan a un espacio terapéutico porque pelean mucho, tal vez porque piensan en la separación como única salida. ¿Quiere decir esto que la terapia es para que no se separen? Más bien puede ocurrir todo lo contrario y que, en el curso de las sesiones, dejen de tener miedo de separarse y, quizás, lo prefieran. Porque, si es que seguimos con el ejemplo, es posible que aquello que los hiciera enojar fuesen los ideales acerca de cómo debería funcionar una pareja, el temor a empezar de nuevo, la culpa que no podían dejar de atribuir al otro, pero cuya causa es la propia frustración, y así mil coordenadas más que, en un tratamiento, pueden ser como minas que es preciso desactivar antes de que exploten, si es que la pareja ya no llega estallada.

¿Estoy diciendo que es "mejor separarse y listo"? En absoluto. Diría más bien que las separaciones precipitadas a veces son tan problemáticas como las peleas habituales, porque llevan a repetir en otros vínculos lo no resuelto en la relación anterior. Si hay un aspecto por el que me parece importante la terapia de pareja, es porque colabora con la chance de poder soportar el conflicto que se vive con otro a quien se ama, sin la idea de que el amor aguante todo (no siempre el amor alcanza) ni el sacrificio de estar bien a cualquier costo.

Dicho de otra forma, es muy importante que el primer objetivo de una terapia de pareja sea que dos personas puedan conversar desde puntos de vista diferentes, sin que la diferencia sea algo para reducir, sin crear falsos acuerdos ni "negociaciones" que duran lo que un suspiro. En ocasiones, la terapia de pareja es para descubrir que dos personas quieren lo mismo, pero no de la misma manera y, por lo tanto, esa tensión no es algo para eliminar, ni para pensar que "uno de los dos tiene que ceder". Esto implicaría pensar la pareja solamente desde el punto de vista del poder, y no es que este no tenga un lugar más que importante en toda relación, pero no explica lo más propio de un lazo erótico: se busca en el amor del otro el impulso para crecer, cambiar y enriquecer el propio mundo con el mundo del otro.

Sin embargo, ¿no hay momentos en que todo del otro nos molesta? ¡Claro que sí! Esto es lo que ocurre cuando dos personas ya no pueden encontrarse amorosamente y se proyectan en el otro exigencias, fantasías, limitaciones que, si incluso el otro encarnara, sería porque lo llevamos a ese punto o porque no esperamos nada más que confirme que es el personaje horrible que creamos para justificarnos. Desandar este camino es crucial y parte del tratamiento; ahí puede ser que el erotismo regrese, o que se descubra que se fue para no volver. Si este último fuera el caso, es posible apostar a que una pareja se pueda separar sin resentimientos ni rencores. No sin dolor, pero al menos en la terapia se podrá hacer que lo triste no sea en vano.

Hay dos cuestiones que me parece importante subrayar para ilustrar lo que digo. Por un lado, hay personas que pueden separarse y seguir peleándose de la misma forma en que lo hacían cuando estaban juntos, lo que demuestra que una separación no es lo mismo que haber transformado un vínculo; por otro lado, en el inicio de un tratamiento hay un tipo de indicador valioso para ubicar si la pareja sufre por motivos vinculares y podría servir ensayar una terapia: se trata de la situación en que, en una discusión, alguien es capaz de decir algo distinto de lo que siente solo para producir un efecto en el otro (por ejemplo, lastimarlo). En esta coyuntura, es claro que las dos personas necesitan reformular cómo se hablan y no por una cuestión de "formas" (o estilo, porque se puede ser muy hiriente con buenos modales), tampoco es que tengan "problemas de comunicación"; lo que se vuelve más urgente en una situación semejante es recuperar la dimensión de la palabra en tanto pacto y compromiso con el otro. A veces, una terapia de pareja sirve para poder deshacer la locura en que dos personas están metidas, al punto de llegar a decirse cualquier cosa; para empezar a hablar de nuevo, en serio: decir lo que se siente y escuchar lo que el otro piensa, sin perder la buena fe, sin anticipar traiciones, ni jugar a quién tiene razón. En el amor, las razones son un arma más. Los dos tienen las suyas y con las más potentes no se hace otra cosa que destruir.

Para concluir, dos palabras respecto de la cuestión del desgaste. Es difícil saber si los años miden el tiempo de una relación, porque también hay parejas capaces de reiniciarse. El tiempo del amor es cíclico; una pareja está hecha de hábitos y es muy común que, cada tanto, alguien diga: "Volvemos siempre al mismo lugar". Esto pasa en lo bueno y en lo malo, en lo que construye y en lo que cansa. No sé cuánto tiempo hace que Silvia está con su pareja, pero sí puedo decir que hoy en día es más común que la consulta sea de personas que llevan poco tiempo de conocerse y no tanto la situación de quienes llevan años de casados y buscan la terapia porque están muy lejos uno de otro. Es como si en estos tiempos posmodernos la consulta más frecuente fuese por lo que cuesta estar con otro, como si el desgaste no fuera el resultado de lo vivido, sino de la dificultad para vivir con otro. El amor nunca fue fácil, pero hoy ocurre que a veces está en riesgo. Por eso, más que nunca, el valor de la palabra tal como a veces se lo descubre en terapia es prioridad.

Capítulo 1

LA PAREJA ES CONFLICTO

Si tuviera que situar un problema de muchas personas hoy en día, diría que se trata de la dificultad para vivir un conflicto con otro; esto es, el temor que les representa decir a alguien que algo les molestó, que no les gustó, que no les hizo bien, sin que de forma más o menos inmediata se les figure como algo para evitar, por las consecuencias que tendría, sea que el otro se enoje, o por el particular tono agresivo con que, para ellas, se establece esta situación. Dicho más simplemente: no pueden vivir un conflicto sin pensar que eso va a terminar mal; entonces, mejor evadirlo.

El problema es que esta evasión no es inocente, no deja de tener efectos. Para el caso, recuerdo la circunstancia de un muchacho que me cuenta que en un viaje se enojó con su pareja porque él quería probar comidas exóticas, mientras que su pareja optaba por lo más tradicional. Se enojó en silencio, no le dijo nada y, secretamente, empezó a pensar en separarse. Es claro que no se iba a separar, pero el pensamiento de la separación le servía como consuelo, como estado de reserva, incluso como forma de corte, como esa separación que no podía realizar y que hubiera consistido en poder plantearle al otro que algo le molestaba y tener que hablarlo.

Cualquier psicoanalista (incluso no hace falta un profesional) habría sabido de antemano que jamás se iba a separar, que se iba a regodear con la fantasía de separación; pero lo central es cómo el corte que no se puede realizar de una manera, se hace de otra. El eje de la cuestión hubiera sido llegar a esa coordenada en que dos personas pueden darse cuenta de que no quieren lo mismo, pero eso no impide estar juntos; o bien advertir que puede ser que quieran lo mismo, pero no de la misma manera. En fin, que hay algo irreductible a lo común en una pareja; que la pareja es conflicto, como me gusta decir.

La pareja no es pacto, sino conflicto. Cuando en una pareja surge el pacto, ahí ya hay separación. Muchas parejas se van separando mientras están juntos. Un pacto muy común en parejas separadas, sobre todo cuando hay hijos de por medio, es que cada uno haga su vida mientras el otro no se entere. Esto parecía una condición de ciertos matrimonios de otro tiempo que, por ejemplo, dejaban de dormir juntos o de vivir en la misma casa, pero nunca tramitaban el divorcio; me sorprende ver que es una dimensión también presente en parejas que hoy tienen alrededor de 40 o 50 años. Son "parejas separadas", que es un modo también de estar en pareja; por ejemplo, con un ex que participa de la vida cotidiana, con el/la que está todo bien, mientras que el otro no sepa...

Pacto de silencio, para estar juntos, pero separados. Separación física, que permite que cada uno administre sus tiempos, su vida erótica, etc., pero sin separación psíquica. Hace un tiempo, una pareja me decía en una entrevista, una y otra vez, "desde que nos separamos" y era tan insistente esa expresión, que confirmaba su carácter renegatorio: estar separados era la mejor manera que habían encontrado para estar juntos. Por eso no estoy de acuerdo con la perspectiva que piensa las relaciones humanas en términos de contrato, acuerdo, etc. Para mí, lo que une es el deseo y el deseo es conflicto; y hay diversas maneras de posicionarse ante el conflicto, más o menos sintomáticas, pero, en fin, todas productivas en cierta medida. El contrato, el pacto, el acuerdo, son modos de separación; es notable que, así como muchas personas hicieron de la posición de "soltero" una forma exitosa de rechazar la interpelación del otro, ahora hay quienes acuden a la autodefinición de "separados" para sí mismos. Es toda una posición.

Mientras escribo estas líneas, pienso en el caso de otro varón. Él vive de forma muy molesta la cuarentena y sus consecuencias. Su esposa se enoja con él, ya que critica todo y no se implica en nada. Por otro lado, su parálisis no es del todo pasiva, asume más bien la forma de una objeción; él mismo lo dice de esta forma: "se desentiende" y yo le digo que desentenderse no es no entender, sino que es un gesto muy activo, toda una toma de posición. Incluso agrego que es su manera de quedarse a un lado, hacerse reprochar; y él completa con que es algo de su estilo "reservado", pero en este contexto esta palabra cobra un sentido diferente. Su reserva no es timidez o distancia, sino un modo de indeterminarse, de poder hablar de los actos ajenos sin que esto represente para él un acto específico. No vive el conflicto con otro, lo mira de afuera, lo plantea como tema de opinión, sin estar en la escena. Es una variación del modelo que propuse en primera instancia; semejante, aunque distinto.

Para este varón no es un problema en términos generales la relación con su mujer, pero él no puede dejar de vivir como en otra parte. Esta particularidad es la que quiero destacar, la que me parece que ilustra algo que les ocurre a muchas personas; es decir que están en una relación sin terminar de entregarse. Lo significativo es que, antes que impedir la relación, esto la hace posible y le da una duración, incluso permite que dure unos cuantos años.

De acuerdo con esta línea, quisiera pasar a una tercera escena, la de una mujer que se decepciona porque siempre conoce varones que "están en otra". Sufre por eso, pero lo cierto es que al poco tiempo de análisis también reconoce que ella vive una cotidianidad en la que no hay lugar para otro; entre sus ocupaciones y obligaciones, ¿qué ocurriría si se encontrase con alguien que quisiera pasar a visitarla de manera extemporánea? No es algo que sea posible, no hay lugar para ese tipo de encuentro; entonces, así es como ella permanece relegada en una posición de queja respecto de los varones y su disposición, pero no tiene demasiado margen para el deseo del otro.

Antes que un problema con el erotismo, para esta mujer se trata de la dificultad para encontrarse con alguien y mostrarse en sus complicaciones, lo que podría llamar, de manera coloquial, "darse a conocer", que advengan los conflictos de que uno más uno no sea equivalente a dos, sino una pareja; es decir, tensión de deseos, intereses, conflictos de los que ella huye con una fuerte idealización de lo que espera de los varones, de esos con los que interactúa a través de redes, a distancia, que siempre están en alguna parte de su teléfono, pero nunca en persona, nunca demasiado en su corazón, a pesar de las broncas que se agarra cuando ellos deciden irse. ¿La dejan o es que nunca estuvieron? ¿Cómo es que ella se consoló con esas presencias espectrales, que no eran tales, sino ilusiones narcisistas que le permitían seguir apegada a sí misma, a su día a día, en el que cada instante está planificado?

En continuidad con la situación de esta última mujer, voy a detenerme en un caso muy común hoy en día y que necesita explicación teórica: el interés de algunas mujeres por los seductores. Voy a utilizar conceptos del psicoanálisis durante el desarrollo, que no es necesario que el lector conozca previamente, ya que a la luz de los ejemplos va a poder entender a qué apuntan.

¿Estoy en pareja con un seductor?

El complejo de Edipo es una estructura muy específica. En términos generales, para un varón, es la posibilidad de que una mujer ocupe el lugar de su madre. ¿Qué quiere decir esto? Que le va a mentir: ¿no es éste el descubrimiento típico de la infancia para muchos varones? Llega el día en que se dan cuenta de que el otro no sabe todo, entonces si no le dicen algo… ¡el otro no se entera! Los varones son mentirosos por definición, cuando también se definen como niños.

Esta distinción es importante, no es lo mismo mentirle a una madre que engañar a una mujer. Los varones edípicos les mienten a sus mujeres; es decir, les ocultan cosas, no les dicen otras: ¡esta es la mentira edípica! Otra situación es la de quien engaña a las mujeres. Por lo general, el varón edípico encubre detalles, guarda nimiedades, hace de esos secretos una eventual trampa erótica, quizás una estrategia para llamar al deseo de su pareja. El varón que engaña mujeres busca otra cosa; constituyen una serie que va desde los estafadores hasta quienes se sirven de una mujer para que los defienda y, por supuesto, ella queda en el camino.

Al varón edípico no se le puede decir nada de su pareja-mamá sin que él salte para irse a las manos. El varón que engaña mujeres puede usar a la suya como un escudo más o menos descartable.

¿Cuál es un ejemplo de varón edípico? El seductor. ¿Qué es un seductor? Es un tipo de niño. Es el niño que quiere ser reconocido como deseante. No es el hombre que va a poner a prueba su deseo, sino el que necesita el deseo del otro como efecto. Dicho de otra manera: ¿qué es seducir? Es decir o hacer algo y que importe más qué produce eso en el otro antes que el modo en que nos implica lo que decimos o hacemos. Por eso es común que los seductores generen situaciones que después no pueden sostener; por eso ocurre que después, cuando tienen que poner el cuerpo, huyen. Por eso es común que cuando la seducción es garantía de conquista, aparezca el desinterés.

La de seductor es una de las posiciones de las que un varón tiene que curarse. Hoy en día es difícil, porque es una actitud muy estimulada socialmente. A todos nos gusta sentir que somos deseables, tanto como sentir que producimos deseo; ese es el modo en que nos hacemos reconocer como deseantes. El resultado de esta coordenada es ya conocido: la seducción no lleva al compromiso. Porque lo que habitualmente llamamos "compromiso" supone actuar un deseo; aquí es donde suelen aparecer muchos síntomas en varones: desde la vergüenza y el temblor de piernas, hasta la impotencia. Es mucho más fácil quedarse en la posición del "Yo te gusto" del seductor, que se basa en todo lo que se le puede hacer sentir al otro, que encarnar un "Te deseo". Y fíjense que para hablar del deseo sacamos el "yo", porque en el deseo el sujeto está conflictuado, no le alcanza el cuerpo, está nervioso como ese personaje de la película *Manhattan* que pasa a buscar a una chica y le dice: "Besémonos ahora, por favor, que si no, no voy a poder probar un bocado durante la cena".

En la seducción, en cambio, siempre se está seguro… en lo ambiguo, en lo oculto, como si se viviera bajo la falda de mamá; "mamá" que puede ser una red social que permite que el cuerpo no esté presente, que ahorra la vergüenza; "mamá" a la que se le miente, pero ¿qué mentira es tal si no se la sanciona? Entonces, se deja una pista para que el otro descubra y, eventualmente, pregunte: "¿Quién es esa mujer que te llama?". El seductor es también un artista de los celos… del otro. Esta es una idea importante: mientras que los celos son una de las formas sintomáticas del "Te deseo" en un varón, el seductor es el que nunca se pone celoso… porque logra desplazar los celos al otro.

Si quisiéramos resumir en una frase la posición del seductor, podríamos recordar esa canción de Babasónicos que dice: "Cambio todo por el don que hace a las mujeres reír". El seductor es un especialista del placer que supone en las mujeres, trabaja para eso, sin darse cuenta de que puede terminar siendo un esclavo de eso que lo excita. Así es que a veces usamos la expresión "seductor empedernido". Esta calificación muestra que la seducción se puede volver compulsiva. En análisis, apuntamos a que un varón se cure de esto, es decir, a que no renuncie a su virilidad, a ese deseo que lo afecta, que le sacude el cuerpo; en un análisis apuntamos a que descubra que su historia termina siendo la del cazador cazado.

¿Quiere decir esto que hay que dejar de seducir? Claro que no. Quiere decir tratar de que la seducción no sea un fin; que marque un camino, eventualmente también para dejarse seducir, algo que los seductores rechazan completamente. ¿No escuchamos miles de historias de quienes cuentan que venía todo bien con alguien pero el día que le dijeron algo, el otro les puso un alto y, de manera más o menos sorpresiva, les dijo: "A mí no me vengas con tus líos"? Dejarse seducir es, por ejemplo, aprender a escuchar. Esto ya lo sabía Ulises, pues en *La Odisea* pide que lo aten a un mástil para escuchar a las sirenas. Me parece interesante destacar que, para los griegos, la máxima virilidad no estaba en quien seducía, sino en quien se dejaba seducir.

Estas coordenadas permiten hablar de una situación que escuchamos en diferentes mujeres, a partir de la relación con sus parejas. Se trata de mujeres celosas, pero cuyos celos de algún modo están condicionados por el vínculo. Podría decirse que salen con seductores. Es posible que los celos tengan un origen neurótico, pero sin duda en estos casos se fijan a partir de este componente vincular.

El primer efecto de esta situación es que los celos desdoblan la escena de la pareja. Siempre hay otra cosa que pasa en otra parte y es más real que lo que ocurre con ellas. Me parece algo interesante esta cuestión, porque conduce a una particular posición: la de necesitar que el otro confirme lo que de alguna manera ya se sabe; no nos referimos a que confirme una infidelidad, porque los seductores no suelen ser infieles, o, si lo son, no es más que algo accidental. No son varones de deseo. El punto es que el hecho de que la otra escena (más o menos fantaseada) se vuelva más real pone en cuestión la chance de creer en lo que implica estar con un seductor. A este se lo acecha, se revisan sus cosas, desde el teléfono hasta una chamarra, pero nunca aparece nada que comprometa mucho, y no porque sea un hábil engañador; es porque quizás no hay nada. Tal vez no haya más que un chat, un objeto extraño, que, si no es signo de una infidelidad, entonces, ¿qué se hace? ¿Cómo saber si es signo? Se le pregunta y, por supuesto, el seductor niega. Tal vez diga la verdad, es lo de menos, porque lo importante es otra cosa: que quien acaso pregunta y busca una confirmación, no puede creer en lo que sabe, en lo que ya es cierto, y, quizás, tomar una decisión. ¿La decisión sería separarse? No lo sabemos, cada cual toma la decisión que quiere o puede. El punto importante para el análisis es que la decisión no se puede tomar porque este circuito demuestra que el lazo con un seductor es, en última instancia, el lazo con una confirmación siempre diferida.

"¿Cómo lo voy a dejar, si nunca descubrí que estuvo con otra?", dijo una mujer hace poco. Le pregunté por qué para dejarlo debería descubrir algo semejante, es decir, por qué hace de la infidelidad la condición de una separación. Ella preguntó si le estaba diciendo que tenía que separarse sin "pruebas". Resultó divertido que usara ese giro detectivesco. Le dije que no; entonces cambié la pregunta: ¿por qué la infidelidad sería un límite a la relación? ¿Cuál sería la diferencia entre que él, por ejemplo, no le cuente que guarda un dinero por fuera de la economía familiar y que no le diga que tiene una amante? La pregunta fue tan evidente que dijo que no la entendía. Eso demuestra su importancia. Acaso, ¿no hay mujeres que continúan su relación con maridos que saben que son infieles? Ella jamás podría hacer algo así. Dice que no podría prescindir de un hombre que la ame. Le dije que muchos de esos maridos aman a sus esposas. Ella pregunta, entonces, por qué las engañan. Le dije que no lo sé, pero que a veces es incluso porque las aman.

Las relaciones entre el amor y el deseo pueden ser complejas. La mujer me preguntó si pienso que tendría que separarse. Le dije que eso tampoco lo sé, pero que pienso que la condición de fidelidad es un problema para que ella pueda pensar qué clase de pareja quiere tener, que sirve para entender por qué no se separa (ahora), pero no por qué se queda. Ella insiste en preguntar si pienso que tiene que separarse. Le digo que no puedo responderle eso, pero que me parece importante pensar qué la une a un hombre.

Por otro lado, hay un rasgo que solemos encontrar asociado a los varones seductores. Se trata de hombres que cuentan todo a sus parejas. Claro, menos lo que esconden; pero en lo que dicen siempre hay una pista de lo oculto. En algún contexto esto se llegó a pensar como psicopatía o perversión. Creo que se trata más bien de algo que sirve para concluir el carácter infantil de esta posición, de relación con una mujer a condición de que sea (como una) madre. Las madres suelen darse cuenta cuando sus hijos les mienten. Lo que me interesa destacar es que esa especie de contarle "todo" al otro se parece mucho al imperativo que propone el psicoanálisis. Los varones seductores son grandes pacientes... con sus parejas. Por eso casi nunca llegan al análisis para curarse de su seducción, o bien lo hacen cuando la relación ya está casi por romperse.

En los primeros años del siglo xx, Freud hablaba del "amor de transferencia" como el enamoramiento que ocurría entre una paciente mujer y su analista varón. Hoy en día, a partir de la clínica con seductores, creo que se desprende lo que más bien llamaría una suerte de "uso analítico del amor de pareja", según el cual –por ejemplo– alguien le dice diversas cosas a su pareja, sin pensar qué le está diciendo, como si fueran detalles más o menos anecdóticos y que, sin embargo, hablan de aspectos profundos de su persona o de la relación y ¡no se dan cuenta! "Yo no sé si es bruto o no se escucha", decía hace poco una mujer respecto de su pareja. De la primera opción no puedo decir nada, pero la segunda pareció bastante cierta.

En general, quienes hablan no (se) escuchan y si para algo sirve el psicoanálisis es para empezar a escucharse. Para los varones seductores, que la pareja esté basada en una condición maternal hace difícil que se entreguen al análisis. No obstante, a veces llegan y, por suerte, con un poco de tiempo nos empiezan a mentir a los analistas. Eso alivia un poco la relación con sus parejas, a pesar de que la seducción no sea un síntoma (los seductores no suelen sufrir por esto), sino una posición infantil. ¿De qué sufre entonces un seductor? Quizás, del tiempo. Después de cierta edad, a veces alguien advierte que se pasó la vida huyendo y perdió mucho por no querer perder nada.

Para concluir el apartado, tres preguntas:

• ¿Todos los varones pueden ser seductores?

Sí, por diferentes motivos, en diferentes momentos, todos lo han sido y todos lo pueden ser, aunque cabe aclarar que es una estructura propia de los heterosexuales.

• ¿Es lo mismo un seductor que un psicópata?

No, como tampoco es lo mismo un niño que un perverso, si bien existe la "perversión polimorfa" infantil, como la llamaba Freud.

• ¿Por qué existen mujeres que se enganchan con seductores?

Quien pueda responder esta pregunta habrá respondido uno de los enigmas más importantes de la humanidad.

AMOR EN TIEMPOS DE VIRTUALIDAD ¿O AMORES VIRTUALES?

Julián (31 años): *Te escribo porque hace tiempo que busco pareja, pero siento que a estas alturas solo están las redes sociales. Me bajé una aplicación, pero no tuve mucha suerte. Salí con algunas chicas, pero después no se arma una relación y me desilusiono. A veces ni siquiera llegamos a salir, todo queda en chats. ¿Por qué es tan difícil el amor en la virtualidad?*

La carta de Julián nos plantea un tema de suma actualidad: la transformación de las relaciones amorosas en nuestra época tecnológica. A partir de que existen las redes, las aplicaciones del amor y el WhatsApp, el amor no es el mismo de siempre, es otro tipo de amor. Cambió el modo de vincularnos y eso también generó una manera distinta de sentir.

Por un lado, con la virtualidad cambió la forma en que nos representamos, es decir, la relación con nuestra identidad (con quienes creemos que somos) es distinta: por esta vía, por ejemplo, podemos elegir diversos modos en que el otro nos ve, construimos un "perfil" (o varios), lo que también va de la mano con que se produzca algo que en otro tiempo era impensable: hoy nos vemos a nosotros mismos mientras otro nos ve. En otro momento, antes de un encuentro, se llegaba a ese instante en que, antes de salir, se le echaba una última mirada al espejo, y luego, que viniese lo que viniese; a lo sumo, había que ir hasta el baño o desviar la mirada en un vidrio para recibir la imagen en algún reflejo. Hoy en día nuestra imagen está presente de forma permanente; cuando digo que con la virtualidad "nos vemos a nosotros mismos mientras otro nos ve" me refiero a que ver la propia imagen puede ser un modo de reducir la angustia que produce que otro nos vea y no saber qué ve ("¿Qué ves cuando me ves?", pregunta desde hace décadas una canción de Divididos), pero también que con la virtualidad verse a uno mismo puede ser una forma de dejar de ver al otro. Fijate, Julián, lo que ocurre con las videollamadas de WhatsApp, en las que muchas veces uno mira más su rostro en el recuadrito superior, antes que a la otra persona. Con la virtualidad, el espejo viene siempre con nosotros.

Por otro lado, a la mirada crónica sobre uno mismo se agrega un segundo aspecto: la falta de cuerpo. En la virtualidad, por el hecho de que nuestro cuerpo no está presente es común que se produzca una separación entre las palabras y las consecuencias. ¿Qué suele ocurrir con muchos comentaristas de notas en portales? Dicen cosas que no dirían cara a cara. No por cobardía, sino porque quizás no les interesaría. Pero la virtualidad es también magnética, lleva a la compulsión de mirar y a una interacción ansiosa, en la que se espera más un efecto antes que un acto. Me explico mejor: en las conversaciones cara a cara, a veces decimos cosas solamente para ver qué dice el otro, ya sea para gustarle o para hacerlo enojar, pero podemos reconocer más fácilmente que esto no está bueno y que incluso hasta puede ser patológico. En la virtualidad, este tipo de funcionamiento se invisibiliza y se vuelve "normal". En las redes, por ejemplo, es claro que se dice algo (o se sube una foto) solo para ver qué hacen los demás. Eso genera un tipo de dependencia, basada en que quien lo hace pierde el sentido de su acto; lo hecho deja de importar en sí mismo y cobra valor por su fin. De este modo, la virtualidad estimula un tipo de vínculo en el que no solo alguien no se compromete con sus palabras, dado que deja de atender a la responsabilidad por las consecuencias, para buscar más y más efectos, sino que también se vuelve adictivo. ¿Qué quiere decir esto? Que la capacidad de esperar es cada vez menor, entonces, se quiere que el efecto sea cada vez más rápido y dura menos tiempo hasta que se necesita repetir la experiencia. Esto fue lo que ocurrió de diez años a esta parte, cuando en aquel entonces se entraba en las redes apenas un rato o se podía pasar días sin revisar un usuario, mientras que hoy tenemos las aplicaciones bajadas en el teléfono y el control es constante.

Si consideramos los dos puntos que mencioné en los párrafos anteriores, podríamos pensar en lo siguiente: con la virtualidad, la seducción dejó de ser un tipo de lazo en el que se trata de poner el cuerpo y atravesar cierta vergüenza, encontrarse con la propia palabra y descubrirse a partir del otro; hoy en día, la seducción es más bien un intento de recibir un refuerzo de la propia imagen, efecto que se busca conseguir de cualquier forma, a veces de manera desvergonzada y, eventualmente, sin la menor empatía por el otro. Cuando digo esto, no me refiero a personas que seducen a otras para tener solo una relación sexual y no volver a comunicarse, sino también a lo que ocurre con algo que muchos cuentan: las conversaciones por Whats-App pueden volverse un fin en sí mismo, sin que haya necesidad de verse, porque alcanzan para producir ese tipo de relación erótica que mencioné antes (verse a uno mismo, buscar el refuerzo de la propia imagen, ser capaz de decir cosas solamente para eso, etc.). La otra cara de este formato de comunicación, es un tipo de expectativa vincular que desconoce la situación del otro (por ejemplo, qué está haciendo, si está ocupado, o en condiciones de hablar) y sanciona como abandono o rechazo que una respuesta no llegue cuando se la esperaba. El punto es que la respuesta se espera siempre "ya" y, por lo tanto, no es poco frecuente que, si la respuesta no vino por un lado, se la busque por otro. Así es que no es raro que quienes se vinculan virtualmente lo hagan con varias personas simultáneamente.

Dicho todo esto, ¿cómo podríamos calificar al usuario básico de la virtualidad? En principio, como ansioso, con baja tolerancia a la decepción, proclive al narcisismo, interesado en ser reconocido como deseable antes que dispuesto a vivir un deseo, con todo lo que esto último implica para la vida personal; no, mejor no, mejor que el deseo y el amor no contaminen la propia seguridad, que el otro sea alguien que venga y sume a la propia vida, pero que no imponga ningún cambio, que me deje ser quien soy, que no se meta demasiado. En fin, ¿qué relación puede darse entre dos personas si no se abren a salir de este tipo de funcionamiento que la virtualidad promueve?

En este punto, Julián, parece que te doy una respuesta desanimada. Sin embargo, mi intención es ofrecerte herramientas para reconocer algo que parece "natural" en este tiempo (virtualidad), pero que no empezó con las nuevas tecnologías. Estas últimas potenciaron ese tipo de funcionamiento, pero existe desde antes. En todo caso, creo que, cuando nos disponemos a encuentros que surgen a partir de la virtualidad, es importante tener en cuenta dos cosas:

1. Por un lado, estar atentos a cómo el otro se relaciona con la virtualidad, porque puede ser que encuentre mayor satisfacción en el placer narcisista de la virtualidad antes que en conocernos; y, si fuera el caso, estar tranquilos de que, si no hubo onda, no fue porque fallamos o hicimos algo mal, sino porque el otro se maneja de un modo que no habilita el inicio de una relación;

2. Por otro lado, tratar de ser conscientes de nuestros temores y resistencias para conocer a alguien, ya que, sin pensar estos obstáculos, es muy posible que solo busquemos a alguien para que funcione como complemento virtual, pero nada más; si el otro está en la misma, no es problema, pero también puede ser que generemos algo en alguien que busca otra cosa y eso puede lastimar, por eso tenemos que ser responsables.

La virtualidad nos propone un tipo de vínculo que, a veces, puede ir en contra de una relación de cuidado; rápidamente se puede hacer del otro un instrumento para un placer personal. Sin embargo, el problema no son las tecnologías, sino nosotros detrás de esos teléfonos y aplicaciones. Por fortuna, hay quienes lograron entrar en ese mundo, conocer a alguien y salir; pero, sin un trabajo personal, eso no se da. Por eso, antes que perder la esperanza, mejor confiar en que pensarnos va a hacer que elijamos mejor con quién empezar a hablar, con quién dejar de hacerlo y con quién, si no pasó nada, no hayamos perdido mucho.

Capítulo 2

YO NO ME QUIERO CASAR, ¿Y USTED?

La mayoría de las personas que hoy consultan, lo hacen porque quieren "estar con alguien". Sin duda, es complejo estar en una relación, pero esta expresión por lo común remite a conocer a otro, al inicio del vínculo, a que el otro se quede, a que quiera, a que la seducción no se pierda. Casi nadie consulta ya por los problemas que implica estar en una relación consolidada. Nuestra época es posmatrimonial.

Un matrimonio es una relación que se afianzó, independientemente de que las dos personas hayan pasado por el registro civil (o una ceremonia religiosa). El matrimonio es una institución del pasado, basada en la existencia de un marido y una esposa –estos roles son independientes del género de las dos personas enlazadas–. Un matrimonio es un lazo que, como tal, produce síntomas y fantasías específicas.

Nuestra época, de varones que se afincan en la posición de seductores y mujeres que a veces se autodenominan "intensas", es refractaria al lazo matrimonial. Tiene sus síntomas y fantasías propias; por ejemplo, el temor a quedar atrapado en una relación, o la suposición de que una mujer quiera sacarles algo; el deseo de que el otro nos quiera por lo que somos, de saber todo acerca de su vida, el miedo a la infidelidad, entendida a partir de cualquier otro interés que el otro pueda tener. Por eso, nuestra época es de varones a los que el deseo los aburre pronto y mujeres que se debaten entre celos atormentadores y un control agotador.

Sin embargo, de vez en cuando alguna pareja se consolida. Así lo decía Roberto Galán en su mítico programa *Yo me quiero casar, ¿y usted?*, al grito de "¡Se ha formado una pareja!". Pero hoy, en tiempos en que nadie se quiere casar, comprometer o lo que fuese, cada tanto algún vínculo se afianza y esto tiene consecuencias determinadas y, a veces, determinantes.

En principio, el matrimonial no es un lazo que se base en el deseo. Por deseo dos personas se seducen, se conquistan, se buscan, desesperan, se extrañan. Pero no es el deseo lo que decide la consolidación de un vínculo; de ahí que la primera fantasía que despierta el matrimonio es que el otro prefiere estar en otro lugar. Como el deseo no es lo que une, entonces se desprende que el otro desea en otra parte. Esta es una fantasía de esposa. Es la fantasía que hace de una mujer una esposa y suele ir asociada de celos más o menos conscientes; ya no se trata de los celos de seducción, sino de celos basados en la suposición de que el otro –el marido– quiere irse, que no quiere estar con ella, que no ve la hora de estar fuera de la casa (en el trabajo, con sus amigos, con otra mujer). Que se trate de una fantasía no quiere decir que este rol no se actúe. Una fantasía es un modo de vida.

La forma más común en que se interpreta este lugar de esposa es como un sustituto de la madre. "¡No quiero ser su madre!", dicen algunas esposas; pero esta interpretación refleja algo que no tiene nada que ver con lo materno: es un efecto de la deserotización que implica la formalización de un vínculo. Una pareja no se une por deseo, a pesar de que los dos tengan el deseo de unirse. Ese deseo de unión no une, porque enseguida se revela que los dos no pueden querer lo mismo de la unión y, al mismo tiempo, lo que se empieza a compartir tiene que ver con una administración habitual, no solo de dinero sino también de tiempo. Por cierto, puede haber personas que convivan y se nombren como pareja, aunque psíquicamente no lo sean;

por ejemplo, cuando mantienen gastos completamente discriminados, cuando no se constituye una economía "común".

No digo que una pareja deba compartir el dinero. Digo que muchas lo hacen y eso es fuente de malestar. ¿Deberían dejar de hacerlo? No estoy para decir qué hay que hacer. Porque incluso puede ser que no sean los gastos lo que se comparta, pero sí el tiempo. El tiempo nunca falla. En un matrimonio inmediatamente aparece el tiempo como algo que se disputa; en las relaciones que se empiezan a consolidar ocurre progresivamente que se genera la expectativa de que tendrían que verse ciertos días, se va produciendo una anticipación y, si eso no ocurre, aparece una decepción que puede llevar a una discusión. Esta situación conduce a una segunda coordenada típica para una esposa: es tal aquella persona que se aliena al tiempo del otro. A veces, a esta alienación se le da el nombre de "amor". No sé qué es el amor, pero sí que las mujeres que son esposas por lo general tienen mucha dificultad para encontrar sus tiempos, porque viven en torno a los tiempos del otro. Por lo general, hacen sus cosas en los márgenes que se les deja, cuando el otro no está, porque allí se juega una fantasía corriente (¡otra fantasía de esposa!): si se dedican a otras cuestiones, si le dan más lugar a su deseo, van a querer menos a su pareja. ¡Y tienen razón! Este es un conflicto habitual en las esposas: el temor a dejar de amar a su pareja, porque saben que a veces para una mujer amar un poquito menos es dejar de amar. Ahora bien, ¿por qué ciertas mujeres son capaces de amar tanto a un varón? Esta sí es una pregunta importante, que voy a retomar en un próximo capítulo.

Hasta aquí me dediqué a situar dos aspectos propios de la posición de esposa. Sin duda, para muchas personas puede ser un lugar no muy grato. Ojalá esas posiciones se pudieran elegir de antemano. Lo cierto es que muchas veces alguien se encuentra en ese lugar y, a partir del sufrimiento que le despierta, trata de situarse de otra forma. Si me detengo en esta caracterización, es porque muchas veces en psicoanálisis se tomó a esta posición como "histérica" y, para mí, nada de esto tiene que ver con un tipo clínico: son sufrimientos de esposa, como existen también los dolores de una madre y otras figuras más que son parte de la vida antes que de un cuadro psicopatológico. Es cierto que dije que el matrimonio implicaba síntomas, pero no lo digo en el sentido de una enfermedad, sino como conflictos relativos a ciertos roles simbólicos. No hay modo de simbolizar una posición sin que esto implique alguna fricción. Hoy en día para algunas personas lo mejor es quedarse fuera de las instituciones simbólicas; otros tratan de subvertirlas (y a veces las replican de manera irreflexiva); otros se las arreglan como pueden con lo que hay. No creo que ninguna opción sea mejor que otra.

Ahora hablemos un poco de los maridos.

¿Qué es un marido? Hace unos años, en la presentación de un libro mío sobre psicoanálisis y arte, una profesora de Estética se disculpó si se equivocaba con el uso de algunos de los términos, porque ella de psicoanálisis no sabía nada: "Solo tengo un marido analista, pero no cuenta". En ese momento, la sala estalló en carcajadas. A su lado, el analista que acompañaba en la presentación, agregó: "Como todo marido". ¿Como qué cosa no cuenta un marido?

En redes sociales es común ver que las mujeres que tienen marido prácticamente no suben fotos con ellos. Sabemos que los varones hacen lo mismo, pero los motivos son diferentes. Un varón con pareja puede despertar sospecha, pero no pierde potencial de seducción. A veces ¡es todo lo contrario! Para una mujer, un marido puede cancelarla para el deseo de otros. Asimismo, es interesante la expresión "tener marido". Un marido es algo que se tiene, así lo dice el título de la obra *No seré feliz, pero tengo marido*; y para una mujer el "tener" puede ser deserotizante, porque un marido es una representación social, que sirve para ciertas cosas (por ejemplo, ser padre de hijos, ocuparse de hacer ciertos trámites, etc.), pero no es necesariamente una pareja sexual. Y a veces no hay más que advertir que cuantas más funciones tiene un marido, menos sirve como pareja erótica. Por eso, algunas mujeres los esconden, les da vergüenza mostrar que recurren a un marido para resolver ciertas cuestiones, aunque, si los elogian, también sucede que no es más que para confesar su impotencia. Cualquier psicoanalista sabe que una mujer que se jacta demasiado de su marido no hace más que sostener una función no eréctil.

Ahora bien, como contrapartida, ¿qué fantasías despierta para el varón el pasaje a ocupar el lugar de marido? En principio, un marido es alguien que piensa que su esposa lo somete, que cree que ella quiere de él algo que no es él. ¡Y tiene razón! Lo gracioso de la función de marido es que por lo general representa esa otra cosa en términos de un deseo que necesita control. Por ejemplo, escena típica: la esposa vuelve de la verdulería, donde compró una fruta que está fuera de estación y, por lo tanto, es más cara; así es que el marido pregunta: "¿Por qué gastaste tanto?". Desde ya que no se trata de un monto, eso es obvio: el marido se queja aunque se trate de una diferencia ínfima, objeta aunque quizás no compartan los gastos y ella haya comprado la fruta con su dinero. Es que ese es el lugar del marido: objetar, poner en cuestión lo que supone como deseo en su pareja, porque es profundamente celoso de ese deseo. Entonces, lo mejor es tratar de aniquilarlo. Los maridos no toleran mujeres deseantes, por eso –como ya lo vio Freud– terminan buscando amantes.

En este punto, podría creerse que el marido es un neurótico obsesivo; pero una vez más creo que no conviene psicopatologizar roles simbólicos. Quizás la pregunta sea más bien cómo se las arregla un varón para no quedar tomado por ese lugar que puede ser tan mortífero, no solo para su esposa, sino también para él mismo. No pocos varones cuentan que con la consolidación de la pareja se empiezan a poner más mezquinos, se fijan en cosas cuando antes no lo hacían. Ni hablar si llegan hijos. Y, por supuesto, hay varones que tienen hijos y ni así se acercan a ese rol simbólico. Además, no es necesario ser marido para ser padre. También hay maridos que dejan que administren sus mujeres, no como un modo generoso de confianza, sino como una forma de desentenderse y dejarles encima a ellas el costo que implica hacer las cuentas y, claro está, quejarse después.

Para concluir este apartado, una anécdota. Recuerdo el caso de un colega que, en una reunión, luego de que su esposa le dijese que, cuando muriese –esa fantasía romántica de los matrimonios–, iba a tirar sus cenizas en la facultad, él respondió: "Yo voy a tirar las tuyas en el *shopping*". La respuesta general en la reunión fue de silencio; a varios nos pareció agresivo, pero ellos se reían. Quizás entonces la cuestión no sea pensar si está bien o no estar casado, si es bueno o malo ser marido o esposa, sino que son roles que se basan en cierto malestar que es inevitable, pero que también pueden tener un efecto cómico. Después de todo, ¿qué de la relación (simbólica) entre los sexos no es comedia?

El punto tal vez sea distinguir no entre formas correctas o incorrectas de vínculo, sino entre los que pueden jugar con el matrimonio y quienes no pueden más que padecer los síntomas y fantasías que despierta. Hace poco, para expresar su alegría reciente, un varón lo decía de una manera muy elocuente y graciosa: "Estoy tan contento ahora, que con mi esposa volvimos a estar de novios".

Mi amor, hagamos un trío

En continuidad con lo que propuse en el apartado anterior sobre el matrimonio y el recurso a amantes, en lo que sigue voy a plantear una situación que es cada vez más común: la idea de hacer tríos. Es una coordenada que, a mi entender, amerita una sección especial por las distinciones que implica.

En principio, parto de una idea que ya esbocé antes: una cosa es la pareja y otra el deseo. Una pareja es el intento fallido de que dos sean uno, mientras que en el deseo siempre hay un mínimo de tres.

Es cierto que hoy en día tenemos las parejas abiertas, las relaciones libres y demás, pero la apertura amorosa solo existe si los dos de la pareja están de acuerdo. Entonces, volvemos al dos para la pareja. Y respecto del deseo, puede ser que dos personas deseen lo mismo, pero incluso en ese caso no lo van a desear de la misma manera. Cuando dos personas en una pareja hacen el esfuerzo de desear lo mismo de la misma manera, es ahí que empieza la simbiosis (fusión que cancela la pareja) o comienzan las peleas (que son algo más sano que cualquier pegoteo). No pocas veces las peleas de una pareja son para conservar una distancia que, de otra forma, no pueden conseguir. Esa distancia es el deseo.

Por lo tanto, el deseo es un tercero en toda relación. La manera más simple en que se expresa es la fantasía. No me refiero a aquellas personas que necesitan fantasear con otra para acostarse con su pareja, porque hay un caso más simple: quienes fantasean con su pareja para acostarse con su pareja. En este punto, hay en el deseo un aspecto que es profundamente infiel. ¿Podemos decir que la pareja con que se fantasea es la misma que aquella con la que alguien se acuesta? Esta no es una pregunta filosófica, no es preciso entrar en debates metafísicos sobre la identidad de dos objetos (uno en la fantasía y otro real) en distintos espacios. Más bien diría que cuando esta infidelidad constitutiva del deseo no se admite, es que retornan ciertos síntomas básicos; entre ellos, el más común: los celos, cuando son un intento desesperado por fundar una pareja en el deseo.

Si el deseo no consolida la pareja, ¿quiere decir que, entonces, no hay remedio para una relación? ¿Solo queda sufrir? Pienso que solamente podemos sacar esta conclusión si apuntamos a lo que no se comparte en una relación; pero también está lo que se comparte y, en este punto, no me refiero a proyectos, ideales, etc. En el centro de lo que se comparte en una pareja está la vulnerabilidad. En el amor, todos somos vulnerables y, aunque haya mucho que no compartimos, podemos tener una posición respecto de la vulnerabilidad del otro y de la propia. Desde un punto de vista, una relación son dos personas atravesadas por un deseo en fuga, a veces más encontradas, otras menos. Desde otro punto de vista, una relación de pareja son dos personas que comparten su vulnerabilidad y, por lo tanto, pueden tener menos temores.

Relaciones en las que no hay cuidado ni asunción de la vulnerabilidad refuerzan los síntomas de deseo. Otro motivo de un refuerzo de estos últimos pueden ser las neurosis. Una persona es neurótica cuando usa el deseo contra la vulnerabilidad (por ejemplo, por razones inconscientes, alguien puede sospechar que su pareja lo/la engaña aunque sepa que esto no es así, pero no puede confiar; de la misma manera, a veces quien más reprocha es quien menos se entrega). En cualquier caso, sin compartir vulnerabilidad no hay relación que sea estable. El deseo es maravilloso, pero, sin un trabajo personal sobre ciertas cualidades vinculares, puede ser infernal.

Llegados a este punto, luego de mencionar la fantasía y los celos, quiero referirme a un aspecto cada vez más común en la consulta con varones: el planteo de hacer tríos. Al menos en mi consulta es algo que escucho con más frecuencia en varones. Suelo pensar en qué lleva a un varón a hacer este pedido, porque de eso se trata: ninguno llega a casa con una tercera persona, sino que antes hay una conversación en la que puede ser que se busquen diferentes cosas: a veces, convencer (y aquí puede ser que, una vez conseguido el objetivo, con eso sea suficiente y no se pase al acto); otras, investigar qué pasa por la cabeza de su pareja (en busca de que pueda ser otra que la que él conoce). En cualquier caso, mi hipótesis es que el planteo de un trío, antes que un anhelo sexual de una pareja eróticamente conectada, es un manotazo desesperado en busca de una sensualidad que desfallece, quizás porque primero perdió su recurso a la fantasía: cuando ya no pueden ser tres de a dos, se busca que venga un tercero.

En las personas que me contaron que hicieron la experiencia de un trío, no hay un patrón común en las consecuencias; para algunas estuvo bien, para otras fue el inicio de una crisis anticipada y, en términos generales, diría que una inmensa minoría es la que repitió la experiencia. Por lo tanto, no podría decirse que la realización del trío trajo un descubrimiento sexual. Al mismo tiempo, dado que escribo desde la perspectiva de los varones, en la mayoría de los casos la invitación fue a que se incorporase una mujer y no otro varón. Y en los casos en que participó otro varón, prácticamente no hubo lazo homoerótico, sino que ambos se dedicaron con mayor esmero a la mujer. Este último punto merece algún detalle, a partir de una consideración mínima de cómo funciona el erotismo masculino (heterosexual).

Por la terceridad del deseo, un varón siempre está dividido entre dos mujeres. Por ejemplo, entre su madre y su esposa; así es que puede casarse, pero nunca admitir que su mujer critique a su madre (o un sustituto, como su hermana), o puede permanecer en la añoranza de los ravioles de su madre (que quizás toda la vida se compraron) mientras cuestiona el pollo al horno de su esposa. Menciono ejemplos triviales, más o menos estereotipados, que cualquiera puede reformular con un poco más de ingenio. Sí me importa situar que Freud entrevió este aspecto cuando habló de la degradación de la vida amorosa: el varón necesita rebajar a la mujer (algo muy distinto de humillación, propia de la perversión sádica) para acostarse con ella, es decir, para que no sea su mamá. Sin embargo, esta no es la única forma de padecer la división. También podría idealizarla, e igualmente estaría entre dos mujeres. Por eso, a los varones los excita pensar en un trío con dos mujeres, o incluso fantasean con las parejas de mujeres homosexuales. Nunca conocí a una mujer que fantaseara con estar en el medio de dos varones homosexuales.

Podría explicar mejor esto último con un ejemplo clínico. Hace ya un tiempo una mujer me hablaba de la célebre canción de Maluma "Felices los cuatro": es claramente una fantasía homoerótica, que desea a una mujer deseada por otro hombre, es decir, desea el deseo de ese hombre. Ahora bien, lo interesante es que diga que van a ser felices los cuatro. Eso supone que pueden ser dos parejas y, por lo tanto, que la mujer es doble. Para representarse como varón, necesita desdoblar a la mujer. Esto permite entender que en psicoanálisis hablar de varón, mujer, masculino, femenino, no tiene que ver con géneros ni con identidades, sino con modos de conflicto.

Por otro lado, a partir de las invitaciones masculinas a tríos, encontré las respuestas más variadas. Recuerdo un caso del psicoanalista Jacques Lacan, quien relata que un paciente (allá por 1958: nada de esto es muy nuevo) que padecía impotencia le propuso a su esposa invitar a otro hombre a la relación. Entonces la mujer le respondió con un sueño, en el que ella no solo tiene una vagina sino también un pene (aclaración: tampoco pasó de moda que los varones sueñen con mujeres con pene), lo que podría traducirse del modo siguiente: tener uno no le impide desear (el de su pareja); es decir, un pene no puede ser anónimo. ¿Qué tonta degradación le hace creer a un impotente que una mujer querría un goce sin nombre? El resultado fue, luego de que la mujer contase a su marido el sueño, que él recuperase la potencia perdida.

Para concluir este apartado, quisiera recordar otra anécdota. Hace unas semanas, un amigo me contó que estaba tratando de convencer a su mujer de hacer un trío. Al principio, ella se negó; luego le dijo que sí y, cuando lo encontré, él estaba como loco con los preparativos… de algo que no ocurrió. Me lo dijo en estos días, cuando lo encontré nuevamente y me contó muy contento que su mujer está embarazada. Siempre voy a admirar cómo una mujer se las arregla para cumplir las fantasías de un varón sin que este lo sepa, para desentrañar su sentido profundo. En efecto, hicieron "un trío".

AMOR A LA DISTANCIA

Silvina (49 años): *Conocí hace dos años, a través de una aplicación, a una persona que vive a más de cincuenta kilómetros. Desde antes de conocerlo presencialmente sentía que ya me gustaba. Tiene humor, es lúdico –cosas no fáciles de encontrar ya en mis casi 50 y sus casi 54–, y a pesar de que quizás precipitadamente le planteé lo que me sucedía, interpreté de su respuesta que él no buscaba una relación o pareja y menos a la distancia. En otro momento me dijo que lo nuestro no era amor sino erotismo; allí me pidió que dejásemos de contactarnos por un tiempo, lo cual respeté, pero después a los tres meses él volvió a establecer contacto. Nos acompañamos virtualmente de alguna forma en esta cuarentena. La cuestión es que hasta el día de la fecha tuvimos cuatro encuentros dispersos en los que –por sus cuestiones económicas y laborales– yo decidí ir a donde él vive (para mí no es un problema la distancia, si es que hay amor). En cada encuentro la he pasado bien, pero me siento entrampada en un vínculo en el que parece que amo algo que nunca va a suceder. No sé de qué modo salir; escribo en borrador palabras bonitas para decir y cada día me desdigo porque quizás no soportaría la pérdida.*

Un hermoso testimonio el de Silvina, que incluye diferentes componentes para tener en cuenta. Sin embargo, lo primero que quiero decir es que nadie se banca la pérdida. Si la pérdida fuera "soportable", no sería tal. Digo esto porque, en este punto, me doy cuenta de que ella quiere resolver esta situación por el lado de la resignación, pero esto solo va a hacer que se sienta más frustrada.

¿Cuál es la situación en que está "entrampada"? Me importa que Silvina también se refiera a su estado en términos de "salir". ¿Tendríamos que decirle que, si la pasa bien, se quede tranquila y aprenda a disfrutar? Creo que ella no nos necesita a nosotros para algo así, porque sabe que sufre por inconformismo; en todo caso, lo que le vamos a decir en segundo lugar es que ella no tiene que considerarse caprichosa por querer algo más; aunque es necesario poder pensar de dónde viene ese "querer", porque seguro tiene una causa que la excede.

Estoy seguro de que esta causa se relaciona con la pérdida que no se puede soportar, aunque ahora preguntaría: esa pérdida ¿es perderlo a él? No lo creo, porque él ya está perdido de antemano. Después de todo, Silvina nos cuenta que el tipo siempre fue muy claro respecto de que con él mucho no se podía contar. Esto es lo que se resume en la frase "No es amor, es erotismo", fórmula que expone que Eros no lleva siempre a una relación de pareja; también existe la amistad erótica, la compañía, etc. En este punto es que se vuelve tan importante entender, como dije antes, por qué ella quiere "más".

Sin embargo, antes de avanzar con esta pregunta, es preciso dar algunas razones de contexto. Se trata de personas de 50 años, entre quienes también hay una diferencia de tipo económico. No pienso en ingresos, sino en que Silvina nos cuenta que ella no tiene problema en "invertir" para encontrarse, y aquí pienso en qué ocurre cuando un tipo no "pone". Todas nuestras disquisiciones sobre las masculinidades no hegemónicas son muy recientes y no invalidan este hecho básico: el amor se paga. Es más, diría que si un varón no paga, no se enamora. Voy a explicar brevemente esto.

Una frase de Jacques Lacan que me gusta mucho dice: "El capitalismo deja de lado las cosas del amor". Me interesa que Lacan diga "las cosas del amor", no el amor. ¿Qué es esto? Las cosas del amor son las que se juegan en compromisos, responsabilidades, la deuda que se puede asumir con otro, etc. ¿Qué es el amor sin estas "cosas"? Un servicio como cualquier otro; en el que se busca pagar lo menos posible y obtener lo mejor. Aquí hay algo que es importante subrayar: en el capitalismo no pagamos por un objeto, ni por el valor agregado que tiene ese producto (resultado de la fuerza de trabajo), sino que –y esto es claro cuando se trata de servicios– se paga por algo que no se quiere hacer. Por ejemplo, quien no quiere limpiar su casa paga para que lo haga otro. En el capitalismo, el pago es negativo: se paga por lo que no; se paga para olvidarse de un tema o sacárselo de encima.

¿Qué son el compromiso, la responsabilidad, la deuda, etc., sino formas de pago en el amor? Hay una canción de Babasónicos que se llama "Los burócratas del amor", que lo plantea muy bien, cuando pregunta: "¿Cuánto vale un rato más a tu lado?" y, luego, dice "Uno de los dos tiene que hacer de ama de casa". ¿A dónde voy con todo esto? A lo siguiente: en el capitalismo actual, los roles simbólicos de las relaciones amorosas se flexibilizaron; nos consumimos unos a otros; esperamos que el otro se ajuste al placer, pero lejos de las "cosas del amor". El punto es que, para las mujeres, junto con su mayor liberación, el capitalismo implica una mayor vulnerabilidad. De acuerdo con la canción de Babasónicos, diría: las mujeres dejaron de ser las amas de casa, las que trabajaban de manera no reconocida, para pasar a una explotación mayor. Ahora tienen que pagar por lo que no quieren.

Otra frase de Lacan es la que define el amor como "dar lo que no se tiene, a alguien que no lo es". La mujer del siglo XXI le da lo que tiene a alguien que no la quiere. Si bien en estos años reformulamos el amor de las maneras más diversas, creo que son solo algunas las que lograron salir de la matriz de la pareja para pensar el amor, a pesar de lo que puedan decir de manera consciente. Creo que esto se reconoce en lo que nos plantea Silvina, cuando nos cuenta que "desde antes de conocerlo presencialmente ya sentía que me gustaba".

En esta simple afirmación puede verse cuánto una mujer es capaz de depositar en una expectativa amorosa, cuán fuerte puede ser el anhelo de correspondencia; dicho de otro modo, ahí se reconoce el exceso del que hablábamos al principio, ese "más" que se traduce luego en lo que una mujer puede hacer por amor. No le voy a decir a Silvina que no haga algo que se le impone; no pretendo modificar su modo de amar, pero le quiero decir que su temor a la pérdida no depende del tipo con el que se encuentra, sino que es un temor a perderse a sí misma como deseante, como si, sin una historia de amor, la vida no tuviese sentido. No le voy a decir que deje de ver a este tipo, esa decisión solo le toca a ella; pero sí quisiera decirle que ella fuerza una relación, quizás con la expectativa de que el otro active, y, por cierto, en el amor nadie puede mover al otro.

El amor es movimiento interno, nadie puede cambiar a nadie y nadie es la causa de que el otro haga algo distinto. Conocer los límites del otro es importante, tanto como los propios. Lo que sí creo que es una idea valiosa en este contexto es volver a la distinción entre capitalismo y amor: hoy en día puede haber quienes tengan miedo, quienes duden, quienes necesiten tiempo, pero con el capitalismo no se negocia ni se cede. Al capital se lo combate y, en el amor, la única forma de hacerlo es no volverse un servicio ni evitarle al otro la oportunidad de pagar en algo, lo que sea, aunque sea mínimo. El gasto contra el ahorro y el regateo, el gasto inútil, es la revolución.

Capítulo 3

POR QUÉ EL AMOR DUELE

Semanas atrás, una amiga se preguntaba por qué se había quedado tantos años en una relación que podría haber terminado mucho antes. Su inquietud me hizo reflexionar. Por un lado, pensé que una de las cosas que yo descubrí como paciente en análisis es que algunas decisiones las tomé antes de darme cuenta (no sin darme cuenta, son cosas distintas); asimismo, en el momento en que fui consciente de que ya había tomado una decisión, me di cuenta de que iba a necesitar un tiempo más para entender qué decisión fue la tomada. La conciencia es un destello inútil, que intenta de manera desesperada apropiarse de un futuro que antecede al pasado.

Por otro lado, me pregunté por qué mi amiga se planteaba una situación con esos términos, con un tono culpable. Porque la culpa no es un sentimiento, sino la paradoja reconocible cuando alguien se reprocha no haber realizado un acto, en un tiempo en el que no estaban dadas las condiciones para hacerlo, ya que todavía no se era la persona capaz de tomar esa decisión. Esta especie de ilusión retrospectiva, que permite diferenciar la culpa de ese otro afecto moral que es el arrepentimiento, invierte la relación entre causa y efecto. Es que el culpable padece un delirio de conciencia: cree que tendría que haber sabido lo que solo con el tiempo pudo saber.

El carácter culposo de la pregunta de mi amiga se advertía en su modo de preguntar por una causa; ahora bien, ¿por qué necesitó la culpa para hacerse esta pregunta? Pienso que el lector ya percibió que, con mi reformulación de la inquietud, también planteo la pregunta por una causa. Sin embargo, hay un modo de preguntar por la causa que no necesita la respuesta. Es lo que ocurre con los "¿por qué?" de los niños, que no están dirigidos a querer saber tal o cual cosa, sino a interrogar a quien responde. Con sus "por qué", los niños no se preguntan por lo que sabe el otro, no buscan un conocimiento que les falta, sino que quieren saber por qué el otro dice lo que dice; es decir, apuntan a su deseo. Si tuviera que resumir el trabajo de un análisis, diría que en cierto modo apunta a destituir el "¿por qué?" culposo para instituir el "¿por qué?" del deseo; mejor dicho, esos "¿por qué?" sin respuesta, a los que solo se responde con un deseo.

¡Qué problema que alguien se pregunte culposamente! Si en el ejemplo de mi amiga da la impresión de ser un asunto menor (aunque para mí no lo es), cabe tener presente que la estructura de la pregunta de mi amiga podría aplicarse a situaciones mucho más complejas; por ejemplo, la de una mujer que se pregunte "¿Por qué no me puedo separar de un hombre que me trata mal?"; y si esa pregunta no se la hace la mujer, sabemos que se la hacen los más diversos profesionales que trabajan con situaciones de violencia. Estos profesionales se plantean la necesidad de que un vínculo violento concluya, porque la pregunta es "¿Por qué ocurre algo que no debería ocurrir?". Puede ser que desarrollen teorías, pero es posible que muchas de esas teorías no produzcan un efecto concreto en el caso de la mujer que, si está en una relación violenta, es habitual que regrese a la relación que padece. ¿Es que esa mujer necesita acceder a un estado de conciencia mayor? ¿Es porque ella no sabe reconocer qué es amor y qué no?

¿Qué puede decir un psicoanalista sobre estos temas? Durante años, con una actitud igual de problemática, el psicoanálisis produjo conceptos para tratar de explicar por qué una mujer es capaz de amar a un hombre que la maltrata. Así es que se habló de "masoquismo femenino", pero también de que las mujeres tienen una especial relación con el amor, que las hace dependientes, entre otras especulaciones. Lo cierto es que estos conocimientos no suelen ser muy eficaces en los tratamientos de este estilo. Al contrario, incluso podría pensarse si acaso no revictimizan a la mujer con interpretaciones "psicológicas" sobre lo femenino. Además, si algo caracteriza al psicoanálisis es evitar la construcción de perfiles psicológicos, para atender a lo singular de la vida de alguien.

Ahora bien, ¿cuál es el origen de esta "psicologización", realizada a veces con buenas intenciones? El lector ya conoce mi respuesta: la culpa. Por la culpa es que nos apuramos a buscar respuestas y proyectamos en el pasado un saber que podría haber hecho posible que algo no pasara. En última instancia, la pregunta que nos duele se resume en "¿Por qué pasa lo que pasa?" o "¿Por qué paso lo que pasó?". Para no quedarnos demasiado pendientes de lo dicho sobre violencia de género, a continuación quisiera decir lo mismo de otro modo.

Después de la Segunda Guerra Mundial, entre psicoanalistas hubo un intento de dar un tipo de respuesta a la tragedia del nazismo. Podría mencionar en este punto un libro como *Psicología de masas del fascismo*, de Wilhelm Reich, o *El miedo a la libertad*, de Erich Fromm. En otro nivel (ya no el de la relación amorosa, sino el social), estos libros plantean la existencia de cierto tipo de individuo capaz de llevar hacia la conducción gubernamental a un líder que luego lo va a "tratar mal"; se explican sus mecanismos psíquicos, sus angustias, el tipo de personalidad que lo caracteriza. Se construye su perfil psicológico, pero así es que estos libros de psicoanálisis quedan al servicio de la psicología más simple, la que explica todo en términos de culpa, pero no le cambia la vida a nadie.

¿Por qué una mujer vuelve con un hombre que la maltrata? ¿Por qué un pueblo elige (y puede reelegir) a un líder que lo esquilma? El psicoanálisis no tiene respuestas para estas preguntas, como tampoco puede explicar por qué hay jóvenes que delinquen ni por qué un hombre puede matar. Sin embargo, el psicoanálisis surgió de este tipo de constataciones. Si algo caracteriza al descubrimiento freudiano es que aquello que nos une con el mundo no es el placer, que incluso nuestros deseos eróticos se entrelazan con componentes agresivos, que no elegimos lo que nos hace bien. Y bien podríamos formular todo tipo de teorías más o menos morales para querer atenuar el malestar en la cultura, pero, como alguna vez dijo Freud respecto de que el psicoanálisis es ajeno al reformismo: "Luego, no le parecerá mal que los reformadores se sirvan de sus averiguaciones para reemplazar lo dañino por lo más ventajoso. Sin embargo, no puede predecir si instituciones diversas no traerán por consecuencia otros sacrificios, acaso más graves".

¿Esta situación deja al psicoanálisis en un estado de impotencia? En realidad, creo que el psicoanálisis surgió del reconocimiento de una imposibilidad, pero que eso no le quita su potencia. Porque si el psicoanálisis no puede dar una respuesta para las preguntas que antes mencioné, es porque él mismo es una respuesta: su surgimiento como método, como dispositivo para escuchar esa parte maldita que nos habita y que, para decirlo una vez más con Freud, está "más allá del principio del placer".

En este punto, llegados al final, se podría preguntar si acaso mi desarrollo no lleva a una justificación del sufrimiento, y diría que más bien sucede todo lo contrario. Es la culpa, con sus teorías, la que no hace más que justificar lo que ocurre, aunque esas justificaciones a veces se disfracen de intenciones de querer lo contrario ("¡Es que salí con alguien tóxico!", "¡El otro es psicópata!". Bla-bla-bla). La invitación del psicoanálisis, como ya dije, es a que alguien responda con el deseo ahí donde antes se hizo una pregunta culposa. Asumir un deseo no quiere decir justificarlo; sí, a veces, dejar de idealizar nuestros deseos para poder pensar sus condiciones singulares y, eventualmente, decir que no. ¿El psicoanálisis promueve que se le pueda decir que "no" a un deseo? A veces, sí. Después de todo, esa dificultad para decir "no" y, en lugar de eso, tratar un deseo con la represión o con la proyección, quizás actuándolo con la fantasía, sin reconocernos en el malestar que decimos padecer, fue lo que nos hizo enfermar. Ahora bien, ¿estamos dispuestos a admitir que un deseo puede enfermar y que, por lo tanto, somos unos enfermos del deseo?

UNA ENFERMEDAD LLAMADA "DESEO"

De un tiempo a esta parte me interesa el modo en que le atribuimos al deseo todo tipo de bondades (en discursos más o menos enfáticos), pero lo cierto es que el deseo enferma.

¿Qué es un deseo? Ojalá fuese una potencia, ojalá fuese una fuerza, ojalá fuese algo que nos lleva hacia el Bien. Más bien (y más *mal* que bien), el deseo es un conflicto. El deseo es aquello que, en mí, se presenta como exterior, como ajeno (a la idea que tengo de mí mismo). El deseo se hace presente cada vez que, en medio de la noche, despierto y me pregunto: "¿Por qué soñé esto?"; o bien cuando después de una tarde más o menos apacible, me sobreviene un pensamiento por alguien con quien, en realidad, no quiero volver a estar en una relación. El deseo ¡se ríe de la realidad!

El deseo es contradicción, pero mucho más una paradoja, cada vez que confronta el hecho de que puedo desear lo que no quiero. Es posible que pase varios días con la preparación de una situación que, llegado el momento de realizar mi anhelo con un acto, me lleve a querer huir (fóbicamente), o a olvidarme (histéricamente, "se me barrió" se dice hoy), o a perder la intensidad (obsesivamente, como cuando alguien empieza a dudar de si está "seguro").

Recuerdo la situación de una mujer que preparaba la defensa de su tesis. Nerviosa, me contaba que *no podía ponerse con eso*; a pesar de que ya sabía que iba a aprobar, no entendía por qué estaba tan inquieta. La respuesta es evidente: porque sabía que iba a aprobar. Dicho de otra forma, la conclusión de su etapa de estudiante no le pedía hacer nada extravagante ni diferente de algo que sabía hacer a la perfección. No obstante, la situación no dejaba de plantearle algún tipo de exigencia: tendría que ir y *poner* algo, tal vez el cuerpo, para un acto final que no se resolvería con jugar a la buena alumna. Más bien, luego de esa instancia, ella dejaría de ser una universitaria.

Quisiera explicar mejor este ejemplo. Hay situaciones que podemos resolver con el simple recurso a una identificación habitual. Por ejemplo, mi amiga alguna vez me dijo que sabía que nunca más reprobaría un examen. La entiendo. La Universidad es a veces un lugar en el que no se pide aprender nada, sino aprobar parciales. Hay situaciones en la que alcanza con representar un papel.

Si el ejemplo universitario parece trivial, propongo otro, pero no menos trivial. Para tener una cita alcanza con representar bien un papel. Si tomamos el caso de una pareja heterosexual clásica (no porque lo prefiera –¡esto no es una defensa de la heteronorma!–, sino porque los heterosexuales son más básicos y faltos de creatividad), alcanza con que un varón haga ciertos guiños y la mujer se preste a esa danza. En última instancia, en el campo del erotismo también encontramos algunas imágenes y roles que componen una matriz que podríamos llamar "escena de seducción".

En este punto, entonces, podría parafrasear todo lo anterior con la idea de que hay situaciones que se resuelven con poder montar una escena. Cada uno a sus puestos y ¡ya está! Alcanza con que cada uno se pueda ver a sí mismo representar su rol en la escena y evaluarse con más o menos tranquilidad; porque también puede ser con intranquilidad, como cuando alguien, en una situación de este estilo, se dice a sí mismo: "Va a pensar que soy un idiota" o "Estoy arruinando todo".

De un modo general, nuestra vida transcurre de acuerdo con este tipo de escenas. En psicoanálisis las llamamos "fantasías". Sin embargo, hay situaciones muy puntuales que no se pueden resolver con una fantasía. ¡Por suerte! Ahí es que tenemos la ocasión de mostrar de qué estamos hechos. Por supuesto que esta fortuna suele ser vivida como angustia, pero no por eso hay que desmerecer su costado virtuoso: si todo en la vida se pudiera resolver actuando en escenas, nosotros seríamos autómatas; y sí, lo sabemos, hoy el mundo está lleno de autómatas. No por nada proliferan a nuestros alrededor zombis, robots, personas que quieren que todo salga como lo planificaron sin que nada los afecte demasiado o angustie. La idea del deseo como una fuerza o potencia es una teoría de autómata.

También en el mundo está mi amiga, que sufre porque tiene que hacer una acción que sabe que puede hacer perfectamente, pero ¡se angustia! Está nerviosa por eso que, si le genera ese efecto, es porque no se confunde con la representación de un papel, sino todo lo contrario. Es como si tuviera que perder esa escena de buena estudiante que usó durante su escuela primaria y secundaria, su carrera de grado y de posgrado, ¿y ahora qué? Porque también es cierto que podría seguir identificada con ese rol durante mucho tiempo más, porque este mundo sin duda está lleno de quienes son padres o madres, maridos o esposas, etc., como de quien es buen alumno.

No es el caso de mi amiga, que, si tiembla es porque sabe que, en adelante, una parte suya se perderá inexorablemente. Todo en ella se resiste a aquello que, sin remedio, es la manifestación de un deseo que ya no tiene escena. Quizás por eso en los cumpleaños pedimos tres deseos, porque ¡uno sería demasiado! Además, si pedimos que los deseos se cumplan es no solo porque sabemos que no se van a cumplir, sino para reprimir que la relación con el deseo supone otro tipo de acto antes que la satisfacción. Un deseo es algo que se realiza si es que uno está dispuesto a perderse un poquito en ese paso.

Esto puede parecer algo complejo, pero creo que hay una canción que lo muestra de una forma más clara. Aquella que dice "No quisiera yo morirme sin tener algo contigo". Es una canción que me encanta, porque quien habla no dice que quiere tener algo, sino que establece una condición (para la muerte). Lo mismo sucede con el principio de la letra: "¿Hace falta que te diga que me muero por tener algo contigo?". Quien habla no dice qué quiere (¡como si el deseo pudiese decirse!) sino que interroga la necesidad de un acto ("¿hace falta?"). Algo parecido ocurre con esa otra canción, de Jaime Roos, que dice "Algún día verás que me voy a morir amándote". ¡Otra vez la muerte como la condición! Sin embargo, no para un deseo preciso, sino para mostrar que hay algo en el deseo que es, digámoslo así, "mortífero".

El deseo es esa enfermedad silenciosa que, de vez en cuando, se manifiesta en algún síntoma o paradoja de nuestra vida cotidiana, cuya incidencia mortífera es mucho más saludable que su inmortalidad: ¿a dónde van todos esos deseos que reprimimos y de los que no queremos saber nada? ¿A dónde van a parar todos esos actos que nunca realizamos o que atravesamos con escenas hechas para conformar(nos)? Sin esa pequeña muerte del deseo, una vida puede estar completamente echada a perder. En última instancia, de lo realizado siempre es posible arrepentirse. De lo que no ocurrió, solo podemos ser más o menos culpables.

Para concluir este apartado, regreso a la canción de Chico Novarro, para destacar que no es raro que diga "Tener algo contigo", como tampoco lo es en el caso de mi amiga que se trate de tener un título. A través de la fantasía, de representar escenas, de actuar papeles más o menos conformistas, nunca logramos tener nada. Esta es una enseñanza muy cierta del psicoanálisis: para tener algo, es preciso perder(lo). ¡Otra vez la paradoja!

El sentido común cree que quien tiene algo es poseedor de eso que tiene. Nada más lejos de lo que enseña el psicoanálisis. Para tener algo, para dar ciertos pasos, es preciso hacer ciertas renuncias, haber perdido ideales, algunas fantasías, etc.

Por ejemplo, "tener un hijo" no es algo que se pueda hacer de forma conformista, si bien es posible actuar de madre o padre; también es posible parir a un niño, pero eso no hace que alguien sea una madre. Para tener un hijo, es preciso haberse perdido uno antes como niño (para cederle el propio narcisismo) y, además, haber perdido a ese niño como propio (para que no sea un objeto que se acomode pasivamente a nuestros intereses y cuidados).

El deseo es una enfermedad, porque nos hace renunciar a lo propio. Sin embargo, es la única enfermedad que cura de una vida impersonal, parecida a la de todo el resto de los autómatas del mundo.

LA ESTÚPIDA DECISIÓN DE TENER HIJOS

En el apartado anterior hable del "tener". A continuación me dedicaré a eso que suele mencionarse como "tener hijos".

Tener hijos es la decisión más estúpida e insensata que se puede adoptar en el mundo de hoy. Es claro que el siglo XXI está pensado para personas solteras, enloquecidas por un deseo tan febril como efímero, más bien atentas a ser deseables; en este contexto, la idea de una trascendencia, la transmisión a una nueva generación, a la que legar nuestros fracasos, parece un delirio. Porque nuestro éxito, si acaso tenemos alguno que no nos parezca menor, es solo para nosotros, no se comparte; quizás un poco con una pareja, si se aviene a nuestro perfil, antes de una separación tormentosa. Somos solteros, con este tipo de narcisismo infantil, porque, en definitiva, nunca dejamos de ser hijos.

Sin embargo, cada tanto aparece algún tonto que se deja llevar por un deseo y ahí lo tenemos, solitario, a contrapelo de las estadísticas que dicen que cada vez son más los varones que relegan la paternidad. Ya nadie va a repartir en su honor una generosa caja de habanos, como en esas viejas películas de Hollywood. Más bien algunos amigos lo mirarán con compasión; saben que si tenía una buena relación con su pareja, en adelante le tocará asistir a su decadencia. Adiós a la vida sexual y, si no, adiós al tiempo libre (también). Y si aún le queda un poco de tiempo libre, es posible que desarrolle un tipo de neurosis que es la que quisiera comentar en este artículo.

Con la llegada de un hijo, no son pocos los varones que se sienten en la obligación de encarnar una figura mítica del padre, es decir, la del proveedor. Pobrecitos, en medio de este mundo reacio a los emblemas de la masculinidad tradicional, a estos tipos se les ocurre asumir esta forma del pasado: se les impone, quizás porque echan mano de lo que conocieron de niños, como última generación en la que los padres tenían alguna potestad. Se reconoce que se trata de una formación neurótica, en la medida en que a partir de ese momento estos pobres padres sienten que deben esforzarse mucho más desde el punto de vista económico, desesperan por garantizar un sustento que, en estos días, se escurre y frustra.

Varones que vivieron durante años despreocupados por el dinero, aprenden a usar tablas de Excel y despliegan una inusitada avaricia; sucumben al goce del ahorro, dejan de comprarse cosas (ropa, música, libros) para ellos; y en sus nuevas familias, a menos que un gasto sea estrictamente necesario, lo desestimarán. ¿Quién podría amar a alguien así? ¿Respetarlo? Es comprensible que, en cuestión de tiempo, nadie quiera cerca a un ejemplar de este tenor. Ni siquiera compasión despierta esta clase de arquetipo pretérito, que si osa decir que se "rompe el lomo", será incluido en la bolsa de los machirulos que no tienen remedio.

¡Qué efecto mortificante tiene la paternidad! Con razón nadie quiere tener hijos, es lo más sano. ¿Sería muy osado decir que ya no están dadas las condiciones históricas para amar (y respetar) a un padre, salvo que este sea una compañero deconstruido, una sucursal materna, si no un especialista en crianza? No lo sé, yo no puedo responder a la pregunta, pero como psicoanalista planteo la inquietud: ¿qué hacemos con todos estos neuróticos que llegan a la consulta y cuyo malestar, encima, tiene como causa un deseo? Por supuesto, no le pido al lector que haga mi trabajo. Si planteo el interrogante, es para recordar que, si no hubiera habido un deseo, no estaríamos hablando de esto.

Entonces, ¿pido a mis lectores piedad para estos padres seudoproveedores, con la excusa de que no son tan machitos y el atenuante de un deseo? ¡Complicidad viril de un terapeuta varón! Por favor, no vayamos tan rápido. No pensemos de una única manera, que puede ser interesante, pero si es única, resulta aplastante. Trataré de ser más explícito y diré que no me interesan estos varones porque sean varones, sino por la paternidad que representan y que la figura del proveedor viene a resolver sintomáticamente.

En los casos de estos varones, en términos generales, podría decir que llegaron a ser padres de manera subsidiaria. Dicho de otro modo, solo en los últimos años es que muy de vez en cuando escuché a algún varón hablar de su "deseo de hijo". Más bien, en este tipo de casos se trata de varones que aceptaron el deseo de su pareja. No "aceptaron" el deseo como quien asume un límite, aunque no faltan quienes dijeron que sí solo para no perder un vínculo o, peor, retenerlo. No me refiero a estas coyunturas. Respecto de los varones en que pienso, diría que se entusiasmaron con el deseo de sus parejas, desearon un hijo a partir del deseo de su pareja.

De este modo, el deseo de hijo es una encrucijada para la que el varón tradicional no está preparado y, es cierto, podríamos decir: ¡prepárense! Pero no es tan fácil; quizás la consigna pueda servir para los que vienen, pero bajo el puente tenemos a un montón para los cuales esta fue la ocasión de un conflicto. No por nada muchos fantasean con lo que se puede perder con un hijo; todas estas limitaciones son una metáfora de la pérdida de potencia, de la pasividad que más rehúye un varón. En este punto es que la neurosis es una fuente de malestar, pero también una solución: echar mano a la impostura paterna puede ser una manera de hacerle frente a ese nuevo estado de vida que se consolida con una familia.

¿Qué pasa después de la neurosis? Eso depende de cada caso. Están los que pueden "durar" por años en un vínculo asegurado por la neurosis. Están los que apenas tres minutos después se separan y pretenden regresar a su estado de beatífica soltería, ahora en calidad de "separados". Además, antes que la neurosis por haberse enganchado con un deseo, estaban los que ni siquiera llegaban a eso, y ante la novedad de un embarazo salían huyendo. También hay quienes atraviesan un conflicto sin un síntoma neurótico, pero son los menos.

La paternidad no llega sin consecuencias. Incluso diría que es posible tener hijos y no enterarse de la paternidad. A veces pasa hoy también. Están los proveedores que, sin neurosis, creen que con pagar un monto fijo su función está asegurada. No son padres sino financistas y, en ciertas circunstancias, es mejor que nada. En otras, nada es mejor.

En estas líneas quise desarrollar una arista neurótica en que la paternidad suele darse hoy en día, para restituir el conflicto que está en su base y correr el foco de la estigmatización y la parodia con que suele tratarse esta figura. Para mí es importante no olvidar que estos tipos, en última instancia, tomaron una posición a favor del deseo en un mundo que es cada vez más refractario a la pareja y la familia. Que un deseo a veces se padece –creo que no hay nadie mejor que los psicoanalistas para recordarlo– sin pedir una reeducación, pero sin ir también contra el lazo con los otros.

Siempre que se pueda sostener la tensión del deseo, habrá algo que pueda pensarse, sin caer en respuestas morales, sin por eso volverse inmoral.

Amor y deseo, en cortocircuito

Josefina (35 años): *Hace tres años estoy en una relación con un hombre casado, nos conocimos en un trabajo y empezamos como amantes. Durante la pandemia fue todo muy complicado, porque él tenía que irse de la casa para que nos viéramos. El virus me asustaba, me parecía peligroso que viniese a mi casa, pero los celos eran más fuertes. La cuestión es que en el verano él se separó de la esposa y, desde entonces, somos novios, pero yo no me siento cómoda. Es cierto que todavía siento celos por su ex, pero también siento que estoy re mal enganchada, a veces pienso que también quiero que vuelva con ella, porque nuestra relación cambió. ¿Soy un caso patológico? ¿Les pasa esto a otras personas? ¿Tengo el síndrome de la Gata Flora?*

La respuesta directa a la pregunta de Josefina es que el suyo no es un caso mucho más patológico que el de otras personas que sufren por el deseo. A menudo el deseo es fuente de sufrimiento, porque impone contradicciones y paradojas. Como cuando queremos algo y después, no. ¿Eso nos hace neuróticos? De ninguna manera, a lo sumo demuestra nuestro capricho, pero esto no es lo que le ocurre a Josefina. Sobre todo porque ella puede darse cuenta de que hay algo de su "enganche" que le llama la atención.

No somos neuróticos cuando queremos algo y después, cuando lo tenemos, ya no lo queremos. Eso a lo sumo nos hace niños, pero en un buen sentido, porque sirve para ver que la relación entre el deseo y su objeto es compleja. El deseo se cansa del objeto, no lo necesita. Al mismo tiempo, este ejemplo trivial –el del niño– muestra que la posesión cancela la capacidad de desear.

Josefina no es caprichosa ni es una niña, no es tampoco una niña caprichosa. ¿Todo esto es para decir que es una neurótica? A mí no me interesa decir que alguien "es" tal o cual cosa, pero si sufre de neurosis tampoco puedo negarlo. Prefiero decir que tiene una relación neurótica con cierta situación, que en cierta circunstancia se neurotiza. Decirlo así no es por una especie de elegancia lingüística, sino por una convicción: que eso que le ocurre, podría no pasarle.

Entonces, ¿qué significa padecer neuróticamente? ¿Querer algo y, al mismo tiempo, no quererlo? Claro que no, esto es la normalidad. La neurosis empieza cuando alguien cree que tiene que justificarse por no querer lo que quiere (o querer lo que no quiere). Dicho de otra forma, la vida nos confronta con el deseo como una paradoja y, según el modo en que reaccionemos, de vez en cuando nos neurotizamos.

En principio, esta necesidad de una justificación es la que se reconoce en el caso de Josefina cuando pregunta si tiene un síndrome. Ella se burla de sí misma, pero a través del humor no hace más que contar que sufre y se castiga por eso.

Para entender más finamente el mecanismo específico de su neurosis, interesa que diga que no se siente "cómoda" desde que su novio es un hombre separado. ¿De qué se trata esta incomodidad? ¿Por qué la atribuye a la separación? Quiero decir: parece que hace de la separación la causa de algo que le pasa con su novio, pero esa causa ¿puede ser tan lineal? Mejor dicho: a partir de que se ponen de novios, cambió la relación, pero ¿se debe a que el que cambió es él o ella?

Es interesante que Josefina agregue que a veces piensa que le gustaría que su novio vuelva con su ex. Lo dice a continuación de hablar de los celos que siente por la ex de su novio; entonces, esta fantasía se relaciona con la continuidad de sus celos, es como si dijera: si sigo celosa, ¿por qué no vuelve con ella? Dicho de otro modo, en la fantasía de que vuelva con la ex no es que quiera que vuelva con la ex, sino que esta fantasía es la que lleva al sufrimiento celotípico que demuestra que en esta relación son tres, no dos mujeres y un hombre, sino el novio, Josefina y sus celos.

El sentido común –que a veces coincide con lo que dicen algunas teorías "psi"– podría construir para Josefina un perfil psicológico, del estilo "aquella a la que le gustan los tipos casados", pero esto sería una estupidez, sería una clasificación moral, porque a nadie le gusta otra persona por sí misma. Dije antes que la relación entre el deseo y el objeto es compleja; esto quiere decir que lo que hace deseable a alguien es algo que lo excede, es alguna condición que lo hace íntimo y extraño a la vez, por ejemplo, los celos. Por eso en psicoanálisis decimos que el otro es un "objeto", lo que no quiere decir para nada que se objetivice a alguien. La relación con alguien como objeto no es el total de la relación con esa persona. Aunque en las neurosis, sí lo es.

En resumidas cuentas, le diría a Josefina que podría servirle pensar la incomodidad que ahora empezó a sentir, porque pareciera tener que ver con algo que, si le encontrase una vuelta, le permitiría, no tanto ver si quiere estar con ese hombre o no –porque eso no se resuelve con decisiones conscientes (en una relación, las cosas van pasando y, en todo caso, se trata de estar despiertos en momentos muy específicos)–, pero sí saber algo de cómo sus celos organizan su relación.

¿De qué tratan sus celos? Esto es algo que solo ella puede saber y, por eso, nosotros ya no tenemos nada más que decir.

Capítulo 4

¿POR QUÉ ALGUNAS MUJERES AMAN *TANTO* A LOS VARONES?

En el capítulo anterior, concluimos con el caso de Josefina y nuevamente tuvimos ocasión de mencionar ese sufrimiento tan propio en las parejas: los celos, un tema fundamental al que ya me referí en otras partes de este libro. Ahora llegó el momento de dedicarnos específicamente a la cuestión y trazar nuevas distinciones.

En la película *Alta fidelidad* (2000), una noche el protagonista da vueltas entre las sábanas mientras imagina que su pareja –que se fue un tiempo antes, con un vecino– está en la cama en plena sesión amatoria con su *alter ego*. Sutilmente, entra en escena la música de fondo: una balada sensual de Barry White. En ese punto, Rob (representado por John Cusack) explota y, aventando las almohadas, grita: "No hay mejor sexo que el que ella tiene en mi cabeza".

Los celos son la pasión más humana de todas. También la más infantil, cuando se la reconduce a su origen primario: la relación con la madre y la exclusión de ese amor sin el cual sentimos que no existimos. Y la cuestión no es que tengamos que domesticarnos y aceptar que el otro puede querer más cosas que a uno mismo, que no somos el centro del mundo, todas ideas que, de manera consciente, suenan evidentes, pero que tienen un refuerzo inconsciente que hace que no sea tan fácil "deconstruirlas"; no, la cuestión no tiene que ver con el otro, sino con la dinámica interna del amor. Los celos demuestran que hay una disimetría irremediable entre amar y sentirse amado; sobre todo porque al amar nos sentimos desposeídos y vulnerables, ¿quién está tan loco como para amar y sentir que merece el amor del otro? Los celos son una forma de querer recuperar esa excedencia y muestran una encrucijada: cuanto más amamos, más sufrimos.

Los celosos somos infantiles. También un poco vulgares, como dijo alguna vez Roland Barthes. Somos celosos, porque pocas veces podemos amar sin temor a perder al otro. A veces completamos ese temor con fantasías insidiosas. Recuerdo a un varón que estaba obsesionado con las relaciones sexuales que suponía que su novia tenía con otro hombre en el baño de la oficina. Enfurecido, profería insultos y montaba en cólera. Recuerdo que lo único que me animé a decirle, fue: "En un baño de dos metros cuadrados, difícilmente sea el acostón de su vida"; por suerte, la respuesta fue un silencio de alivio y, pocos minutos después, una carcajada. Los celosos "suponemos".

Una paradoja de los celos es que, si su fuente es el temor, también puede ser que a través suyo se justifique la permanencia en una relación. Hay personas capaces de estar con alguien solo para que no esté con otra persona, de la misma manera que hay quienes pueden sentir celos por aquellos que no les interesan lo más mínimo, pero cuyo interés se da por descontado. Aquí es cuando los celos ya se vuelven histéricos, pero no en un sentido estrictamente patológico, porque ese trasfondo de histeria quizás sea lo más propio de la humanidad. Sin ese interés básico por el deseo, que es lo más propio de la histeria, puede que ya tengamos que hablar de otra especie.

En este contexto, hice un desplazamiento. Empecé por el amor y pasé al deseo. Es que los celos tienen su origen en el amor, ahí es donde se revelan como infantiles y algo vulgares, efecto de un temor. Sin embargo, a partir de su relación con el deseo, los celos son un modo de relación, una manera de vincularnos y advertir que el otro no es solo la persona que tiene tales o cuales ideas, voluntades, etc., sino también un enigma, alguien que nunca deja de ser otro, porque incluso cuando dos personas quieren lo mismo, no lo quieren de la misma manera: ¡eso es el deseo! Lo que resiste a que dos sean uno, lo que hace más bien que dos sean siempre tres (uno, el otro y esa resistencia, el deseo). Los celos no son más que el modo más habitual en que esa terceridad se completa.

Llegados a este punto, podríamos preguntarnos: entonces, ¿los celos son normales o patológicos? Si recordamos que la palabra "patología" proviene de *pathos* y reenvía a la pasión, entre uno de sus significados, es claro que los celos no son una enfermedad específica. Aunque aquí cabría hacer una distinción: se pueden padecer los celos de maneras muy distintas. Así, están los que adoptan una actitud posesiva y van a cualquier lado que vaya su pareja, si no, buscan limitar su deseo; también quienes escapan de sus celotipias a través del refuerzo de actitudes seductoras; o aquellas personas capaces hasta de revisar un teléfono, *hackear* un correo, etc., en un abanico de reacciones que puede llegar al asesinato. Sin embargo, aquí no se trata de los celos, sino de lo que alguien puede llegar a hacer cuando está celoso. Justificarse como celoso no solo es vulgar: además, es cobarde.

Para concluir este apartado, una observación desde el punto de vista del tratamiento. Los celos son un síntoma irreductible en el análisis. La expectativa del analista de que los celos desaparezcan es un ideal terapéutico vano. Ese desprecio por el síntoma también se refleja en el prejuicio (incluso de algunos psicoanalistas) de que los celos mienten. O, mejor dicho, que el celoso vive una ficción sin verdad. Así, el analista extraviado trata al síntoma con menos respeto que a un delirio, cuando no trata al delirio como una interpretación falsa. Los celos son una interpretación del deseo y revelan hasta qué punto la fantasía no es personal (o individual) sino un lazo entre dos. Una mujer celosa, por ejemplo, conoce el carácter deseable de su pareja, el modo en que el otro puede gozar de ser deseado. El problema es que se desorienta con sus celos, reduce el deseo a engaño, la fantasía a una moral. Lo analizable de los celos es la posición excluyente con que se vive la relación del otro con el deseo: si desea, yo estoy afuera.

Por esta vía se puede llegar a un uso virtuoso del síntoma, como el que ciertas mujeres advierten cuando pescan que el varón que da consistencia a los celos está a un paso de caer destituido, y eso les permite soltarlo a tiempo. Ahora sí podemos pasar al tema central de este capítulo: las mujeres y el amor tan particular con que pueden amar a algunos hombres.

AMORES EXCESIVOS

Después de años de práctica del psicoanálisis, estoy en condiciones de afirmar que los varones no aman a las mujeres. Cada vez que un varón dice que se enamora, no hay más que buscar la determinación inconsciente de la pasión y, para el caso, encontrar que la mujer que dice amar es un sustituto de la madre, del padre o de sí mismo; quizás ella sea la mujer que a él le gustaría ser, la que provocaría el deseo de sus amigos y otras versiones más o menos conocidas.

Si mi abuela estuviese aún en este mundo, me preguntaría: "¿Necesitaste ir a la Universidad, y dedicar tiempo a una profesión, para descubrir lo que cualquiera con un poco de observación sabe desde la juventud?". Las mujeres, como nuestras abuelas, tuvieron siempre en claro que los varones no las aman. Es cierto que hoy en día interpretamos esta coordenada a partir de factores sociales, hablamos de tipos de sociedad, de dominación, buscamos proponer modelos alternativos y convencer a los demás de que otro tipo de vínculo es posible, si somos responsables afectivamente, si tenemos más empatía, si implementamos una ética del cuidado y hacemos del lazo amoroso una especie de contrato entre individuos libres que se respetan y consienten de manera ecuánime –ya de escribir esta última oración da ganas de irse a vivir a una isla y no volver a ver a otro ser humano–. En fin, una abuela, del otro lado del sillón nos dice: los varones no aman a las mujeres y nunca lo van a hacer.

Entonces, ¿por qué las mujeres aman a los varones? Esta sí es una pregunta y quien la responda tendrá la clave de uno de los mayores misterios de la humanidad. Yo no sé la respuesta. Sí quiero decir algo sobre por qué es que los aman *tanto*. ¿No había un libro hace unos años que indicaba justamente este fenómeno? *Mujeres que aman demasiado*, de Robin Norwood. Sin duda, he visto a mujeres perder la cabeza por un hombre. Para aclarar esta situación quizás tenga que decir algo sobre la sociedad en que vivimos, esta sociedad que –como dice con ironía la canción de Palo Pandolfo– nos obliga a enamorarnos.

La nuestra es una sociedad en la que la voz que produce amor es la de los varones. ¿Qué es un varón? Es el ser humano cuya palabra enamora. Por eso a todos los varones, incluso hoy, se les aclara que sean cuidadosos con lo que dicen. Que no digan más de la cuenta, que se hagan cargo de sus propuestas o invitaciones, que no hablen en vano. Porque la palabra dueña del amor es la palabra viril. No digo que tenga que ser así. Digo que aún es así. Y pasa en lo micro tanto como en lo macro. Por ejemplo, hace un tiempo hablaba el Jefe de Gabinete Santiago Cafiero (alcanza con que sonría o se ponga una playera) y ya escuchábamos los suspiros más diversos. Los suspiros no tienen ideología, deshacen hasta las creencias más íntimas, incluso las elecciones sexuales. Habla el gobernador de la Provincia de Buenos Aires Axel Kicillof y ahí está el amor, que se puede justificar de las maneras más diversas, pero las justificaciones no son más que para velar la seducción: se ama al varón que habla. Incluso resulta gracioso que varones hétero también se revelan seducidos.

En estos días podemos debatirlo todo, pero los años no cambiaron lo básico: la palabra que produce amor es la del varón. Las mujeres que hablan son admiradas, receladas, se les atribuyen goces más o menos oscuros, deseos recónditos, incluso se las puede amar, pero su palabra no *produce* amor. En efecto, por esto es que me gustó tanto el último libro de Luciana Peker: *Sexteame*: el amor con que está escrito, la búsqueda de un tono amoroso para decir, que no es condescendiente, que tampoco es de enamorada del amor, sino de la palabra amorosa, de un redescubrimiento que –creo– es una ética de la voz pública. Luciana Peker inventó un modo de hablar como mujer, una voz femenina que, más allá de que hable de varones, mujeres, amor, deseo, etc., es una verdadera alternativa para esa roca dura de nuestra sociedad, que ningún discurso logró derrocar: los varones enamoran al hablar; las mujeres, no. A eso no se le responde con un discurso, sino con una voz singular; eso descubrió Peker: a la voz viril que enamora, le habla de amor, con amor, la reinventa como palabra amorosa femenina.

De vez en cuando, alguna mujer inventa una palabra amorosa y eso salva al mundo. Eso transforma a los varones también. Mientras tanto, la palabra que enamora es la de los varones, ¿por qué? Porque seduce. ¿Qué es ser seducido? Ya lo dijo Jacques Lacan en una oportunidad, es "estar en el centro de un deseo". Dije al principio que los varones no aman a las mujeres, pero sí las desean. Y a menudo eso es traumático. El deseo no es algo apacible muchas veces; su presencia real puede ser inquietante. Puede ser una mirada que se presiente en la espalda. El deseo es acechante, lo sabemos desde que Hades raptó a Perséfone, desde que el viejo Zeus se le apareció sorpresivamente a la joven Leda. El deseo viril es intrusivo, eventualmente abusivo; por qué no, violatorio. Es que los varones eventualmente lo padecen. No hay más que recordar una típica escena de consultorio: el varón que cuenta que una mañana su pareja le hizo un chiste sobre la noche fogosa que pasaron cuando él la despertó en medio del sueño e hicieron el amor, pero él no lo recuerda, incluso se avergüenza: ¿qué fue ese deseo? ¿Quién fue?

El deseo no es propiedad de los varones. Por eso es tan importante hoy que se haya acuñado la expresión "mujer deseante", en la medida en que permite descentrar el lazo entre el deseo y lo viril. Pero aclaremos esto: el deseo viril no es un deseo del que los varones sean dueños. Hoy las mujeres deseantes pueden robarles a los varones el deseo –como los hombres el fuego a Prometeo, para seguir con las referencias clásicas–, pero aún la capacidad de seducir la encarnan ellos. A su pesar, muchas veces. Sin duda encontramos mujeres seductoras, pero la seducción femenina no produce amor, sí, con frecuencia, deseo; pero el amor como efecto es otra cosa. Además, por cierto, para seducir una mujer tiene que realizar algunos rodeos, mientras que a un varón puede ser que le alcance con hablar nada más.

Este es un mundo injusto –¿qué duda cabe?–, en el que seducción y amor se unen de manera directa para los varones. Por eso, desde hace un tiempo nos preguntamos si el amor tiene que doler, o nos preguntamos acerca de cómo lidiar con este engorro. Antes me referí a los griegos, pero seamos más claros, lo mismo dijo Alejandro Sanz cuando cantó "Quisiera ser la sal para escocerte en tus heridas"; es decir, "escocer" es ese tipo de ardor que se acompaña de picor, que duele pero al mismo tipo excita –por favor, no digan que nunca les pasó, no se mientan: recuerden el escándalo vertiginoso que hacen cada vez que tienen que ponerse alcohol o agua oxigenada en una lastimadura–; no duele tanto la herida, es que duele que nos excite: eso es el amor. De forma atenuada, pero tan cierta, lo dijo también Jorge Drexler al cantar: "No quiero que te lleves de mí nada que no te marque".

Al deseo le gusta dejar marcas, heridas, cicatrices. Esto es insoportable. Pasar por una escena de seducción es quedar herido y, en nuestra sociedad, quienes marcan son los varones –lo sepan más, menos, o no lo sepan–. El punto es por qué el amor surge como efecto de esa intrusión. Recuerdo la escena de una mujer que comentaba hace ya un tiempo que en una ocasión se empezó a fijar en un varón, que al principio no llamó su atención, hasta que lo vio a punto de agarrarse a trompadas. Ella, feminista, se preguntaba, ¿cómo puede ser que me haya empezado a gustar un machirulo en el más básico de sus actos? Cualquier psicoanalista conoce una respuesta posible: las feministas no tienen fantasías feministas. Sin ir más lejos, en los días recientes se celebró a Idea Vilariño, la poeta que dedicó algunos de sus más hermosos versos al ingrato de Juan Carlos Onetti, ese escritor que, cuando en una entrevista le preguntaron acerca de su mayor temor, respondió que era "volverse inofensivo".

Un varón nunca es inofensivo, si es tal. Con varones siempre se está en el marco de la ofensa inminente y eso no tiene que ver con la masculinidad tradicional. Se relaciona con la virilidad. La cuestión no es distinguir entre la masculinidad hegemónica y otras, sino entre la masculinidad viril (hegemónica o no) y otras que no lo son, entre quienes reinventan su masculinidad o más simplemente se destituyen de ella. Ya en otras oportunidades escribí sobre el varón destituido como alguien más peligroso que el viril que incomoda, más o menos torpe con su deseo. Porque si un varón no se relaciona con una mujer de manera deseante, a través de un deseo que incluso eventualmente lo lleva a tener síntomas (como la impotencia), será un manipulador o algo más costoso para esa mujer.

Pero volvamos a nuestra pregunta, la que tanto nos cuesta responder: ¿cómo es que algunas mujeres pueden llegar a amar tanto a un varón? ¿Acaso Idea Vilariño no tuvo amigas que le dijeran que "cortara" con ese viejo gordo con cara de sapo? Es que todos sabemos que lo que une a una mujer con el deseo de un varón no se corta fácilmente, al punto de que esa alienación puede ser excluyente de todo otro vínculo. No por nada se habla hoy tanto de lo "tóxico" y otras calificaciones. El punto es que una mujer puede amar el deseo de un varón, o bien puede amar al varón. En cualquiera de los dos casos se sufre, pero no de la misma manera.

Las mujeres que aman demasiado son aquellas que pueden amar a un varón para no enterarse de su deseo. Y más lo amará, para escapar de la seducción implícita, para que ese deseo no la rapte, para que no la enloquezca, aunque quizás enloquezca de celos, como hoy en día es tan frecuente. Porque si no quiere saber de su deseo, una estrategia (no necesariamente neurótica, aunque la neurosis la use mucho) es suponer que ese deseo está en otra parte. Y así puede ser que esa mujer se vuelva insistente, que algunos le digan que es "intensa", si no se autodiagnostica de esa forma ella misma. También puede ser que ponga a prueba el amor del varón, como compensación del deseo que se reprime; que quiera que él quiera cosas, no porque las quiera ella, sino para ver si es que él las quiere, o si es capaz de cambiar, en fin, podríamos mencionar mil otras coyunturas que son el día a día de la práctica en un consultorio, sin que por eso hablemos de algo patológico ni que se vaya a curar diciéndole "No tendrías que querer tanto a ese varón, mejor quiérete un poco más".

Por otro lado, es posible amar el deseo de un varón. Como dijimos, también se sufre por esto. Pero con el deseo de un varón se pueden hacer muchas cosas. Porque, también lo dijimos antes, el varón no es el dueño de su deseo. Preguntémosle a

Yoko Ono, quien tenía las riendas del deseo de John Lennon. Preguntémosle a María Kodama cuál era el deseo de Borges, ese deseo que ella conoció mejor que el propio escritor. Cada tanto también ocurre que un varón necesite de una mujer para conocer algo de su deseo, incluso para realizarlo, por fuera de un narcisismo entorpecido. A veces pasa que las mujeres aman el deseo de un varón, pero ¡no al varón!

Así es que nos encontramos en la consulta muchas quejas viriles, las de esos niños que quisieran ser amados por lo que son y no pueden hacer de una mujer el sustituto de esa madre que los quiere de manera incondicional; ni del padre que los desafía para que se exciten como transgresores, a los que pueden provocar para recibir su castigo, aunque más no sea un enojo; ni una versión de sí mismos, porque los varones no aman a las mujeres, pero cuando una mujer toca el deseo de varón, este está perdido también. En el deseo, todos somos cazadores cazados.

¿Es importante el tamaño?

Marisa (34 años): *En estos días estoy muy preocupada porque salí con un tipo y estuvo todo bien, pero la verdad es que tiene un miembro chico. Yo pensaba que eso era broma, que era una forma de hablar mal de los hombres, pero esto es real. Es algo que me pone mal, porque la paso bien con él y me costó un montón encontrar a alguien con quien salir; hoy los jóvenes están re locos y los que no, son una mierda; entonces, no quiero perderlo. Además, me sentiría muy despreciable por no seguir por algo así. Yo no tengo mucha experiencia en el amor, antes tuve una pareja en la que sufrí muchísimo y, a lo mejor, pasa que mi ex me malacostumbró. Ja ja. Lo digo en chiste, pero también de verdad, porque la diferencia es muy grande. ¿Te parece que esto es algo que se puede remontar si empezamos en una relación?*

Luego de leer la carta de Marisa, lo primero que pensé fue: ¿cuándo una diferencia es grande o pequeña? No pensé tanto en el tamaño del miembro (¿por qué habrá usado esa palabra Marisa?) del tipo con que salió Marisa, sino en la diferencia.

En principio, podríamos decir un montón de cuestiones desde el punto de vista de la sexología –de ninguna manera desaconsejo ese tipo de consultas; muchas veces derivo a pacientes para que asistan a otros espacios en busca de un saber–, pero un psicoanalista no tiene un conocimiento sobre quien lo consulta y es de eso de lo que se trata, que no lo tenga, que más bien escuche y trate de encontrar cuál es la pregunta que alguien se hace a través de una situación que parece de lo más común.

Podríamos preguntar: ¿el tamaño importa? Sí, claro, esto creo que es más o menos obvio, pero esta no es la inquietud de Marisa. Además, ¿desde dónde empezamos a medir? ¿Para quién? Me interesa subrayar dos cuestiones: por un lado, que Marisa dice "la verdad es que [tiene un miembro chico]" y aquí la cuestión no sería preguntarle cuánto, sino advertir esa necesidad de reforzar su enunciado con la idea de que apunta a una verdad: ¿por qué necesita aclarar que es verdadero lo que dice? Mejor dicho, ¿no es esto un índice suficiente de que la verdad de su enunciado no está en los hechos sino en algo que le pasa a ella? Esto lleva a la segunda cuestión: Marisa dice que pensaba que el tamaño era algo con que se critica a los tipos: ¿no es precisamente lo que ella hace con el acto de decirlo? En psicoanálisis, no importa la idea de que hablamos, sino que se la diga y ahí no hay refugio en la impersonalidad ("se dice") sino que más bien se trata de que un psicoanalista escuche por qué alguien necesita volver impersonal una idea para poder decirla.

La pregunta que nos tenemos que hacer, entonces, no es por el tamaño, sino cuál es el motivo por el que Marisa expone a este tipo: ¿cuál es la verdad de su sufrimiento? Un signo de este malestar está en lo que sigue, cuando a continuación agrega: "Es algo que me pone mal, porque la paso bien [con él]", ¿no es una frase extraña? Quitemos el tema del que habla: ¿no se nota la paradoja? Lo que la pone mal es pasarla bien y aquí es que sigue un descargo al modo de una justificación: los tipos están locos o son una mierda; en fin, ¿quién podría discutirlo? Engancharse en esto sería en vano, porque importa otra cosa: ¿no refleja su justificación un dolor que, luego, Marisa misma testimonia cuando nos cuenta que en su última relación sufrió "muchísimo"?

En este punto, creo que se puede situar claramente que Marisa sufre por el pasaje de una relación a otra y que, en la comparación de tamaños, antes que una razón más o menos objetiva, se juega otro tipo de implicación. Ella misma se diagnostica de un modo particular: "malacostumbrada". Mi asociación inmediata –que acá importa poco, aunque en una entrevista podría servir para un chiste que, como intervención, produzca alguna asociación más importante, porque sería suya– es el contrapunto que se arma con la otra expresión de la lengua popular: "Malco…". Dicho de otro modo, Marisa nos habla así de que en su relación anterior el sexo era importante: ¿tal vez fue lo que sostuvo la relación a pesar del sufrimiento?

Por esta vía, la encrucijada para Marisa comienza a ser otra: a través de la pregunta por el tamaño, ella plantea otro tipo de diferencia, la que se da con el pasaje de un tipo de relación a otra; de una en que la pasión sexual pudo ser preponderante, a otra en que se puede iniciar otra modalidad vincular. Me interesa que ella diga que se sentiría "muy despreciable" por dejarlo por algo así, pero –dicho todo lo anterior– ¿es a él a quien dejaría? La cuestión es por qué ella se plantea en términos culpabilizantes un acto que, más bien, decide sobre el tipo de vínculo que quiere habitar. A veces es más fácil representarse el daño que se puede hacer a otro, para hacerlo o no, antes que interrogarse qué cambia para uno con ese acto.

Para concluir, creo que le podemos decir a Marisa que, si hay una relación que tiene que "remontar", no es la que todavía no empezó, sino la anterior, aquella en la que sufrió y que la dejó dolorida, pero que todavía añora, quizás no tanto porque quiera estar con su ex, sino porque algo suyo quedó allí, más un tipo de vínculo que la relación con él. En la medida en que pueda pensar estas cuestiones, puede ser que no se castigue a sí misma culposamente a partir de hablar mal de un tipo.

Ahora sí, para terminar, voy a decir algo obvio: hay mujeres que tienen una relación muy particular con el miembro de sus parejas. Hay mujeres que hasta le ponen nombre; creo que no hay mejor demostración de cómo los varones también están castrados: en él puede haber algo que le pertenezca más a otro que a sí mismo. En estos años de práctica escuché a diversas mujeres contar que pudieron olvidar a distintos hombres, pero hay miembros que les resultaron inolvidables. No sé si eso tendrá que ver con el tamaño, tal vez haya un doble duelo allí: por un lado, perder al hombre; por otro, perder esa parte del cuerpo del otro con la que se tuvo un vínculo afectivo, a veces más profundo que con el portador. O portadora, porque algo de esto les ocurre también a los varones con ciertas mujeres. O a quien sea con quien sea. Hoy Marisa nos dice que no quiere perder al tipo que conoció. Quizás el resto sea cuestión de tiempo.

Capítulo 5

INFIDELIDADES DE AYER Y HOY

"Cada pareja es un mundo" es una expresión conocida. Muestra lo impenetrable de la intimidad. Todos conocemos relaciones que, por ejemplo, socialmente funcionan de un modo y luego son diferentes puertas adentro. Todos las conocemos, porque todas son así.

Para hacer el pasaje a lo público, una pareja tiene que reprimir su intimidad. Las parejas más armónicas en sociedad suelen ser más disfuncionales a solas. Por ejemplo, aquellas de las que después se dice: "¿Cómo se separaron, si eran una pareja tan linda?". Aclaramos: "disfuncional" no es algo patológico, sino que remite al lazo inconsciente que puede unir a dos personas. En realidad, todo lo que une a dos personas es "patológico".

En varones y mujeres hay dos movimientos que se imponen a la hora de armar lazo: para ellos, erotizar el compromiso; para ellas, se trata de no deserotizarse después de comprometerse. Ambos movimientos tienen su reflejo en conductas sociales, pero su raíz es edípica (es decir, social también) en función de la resignificación del incesto a partir de la pareja: para el varón, el vínculo exclusivo con una mujer reedita la captura materna; para la mujer, el placer en la pareja confronta culposamente con la envidia de la madre. Por eso, para entender cómo alguien arma lazos de pareja, hay que analizar lo materno. Ya lo dije en otro capítulo: varones y mujeres no son solo roles sociales o conductas estereotipadas; son también –para el psicoanálisis–

95

formas de ser hijo o hija, ficciones para velar que uno (cree que) se separó de las figuras parentales.

Recordar que, como varones y mujeres, somos hijos y que la raíz de la culpa es el complejo de Edipo es un prolegómeno necesario para hablar de la infidelidad.

En una pareja hay dos escenas típicas en torno a la infidelidad. Uno empieza a notar que el otro se comporta de manera especialmente atenta, no es usual que esté de tan buen humor, menos aún el uso de la ternura fuera de contexto (por ejemplo, en un ascensor, ante la mirada de otros). Entonces, ese uno pregunta: "Me estás engañando, ¿no?", sobre la base de la lectura espontánea de esos indicadores de un enamoramiento artificial; y quizás sea cierto. Lo clásico es: la culpa se compensa con ese extremo cuidado y permite desplazar hacia la pareja el cariño que se reprime con el amante, es decir que en el inconsciente la infidelidad no es sexual, sino respecto de lo tierno. Por eso, cuando son descubiertas en un acto infiel, muchas personas dicen "Esto no es lo que parece", como un modo de decir "Es solo sexo, acá no hay intimidad".

Sin embargo, hay otra circunstancia que interesa para pensar la infidelidad: otro modo de tramitar la culpa ya no es con la compensación amorosa, sino a través de la indiferencia que produce hostilidad en el otro; o bien un reforzamiento superyoico (como forma de disociación de la culpa) que le marca al otro detalles, que hace que este diga "Estás insoportable", y, por esta vía, descarga de manera indirecta su castigo sobre el culpable, lo que produce alivio y tranquilidad. Esta manera de "hacerse retar" es menos corriente, pero no menos típica.

La infidelidad es uno de los temas más problemáticos en una relación de pareja. La relación monogámica implica un pacto de exclusividad. Sin embargo, como dice la frase popular, "hecha la ley, hecha la trampa".

Es curioso que se nombre como "salir de trampa" al encuentro furtivo entre dos amantes. Porque no queda claro si el que sale de trampa será un cazador o la presa. Asimismo, es llamativo que se llame "amantes" a quienes se encuentran por fuera de una relación matrimonial. Porque, salvo excepciones, esos encuentros suelen implicar algún tipo de decepción.

Por cierto, cabría aquí hacer muchísimas distinciones; por ejemplo, no es lo mismo quien sostiene una relación continua con otra persona que la situación ocasional en que se condesciende meramente al goce sexual. Aunque sea doloroso plantearlo en estos términos, no es poco frecuente que alguien inicie una relación "paralela" durante cierto tiempo, hasta que esta "nueva" relación conduce al sepultamiento de la anterior. No creo que se deba conservar el nombre de infidelidad para estos casos. Por eso, me referiré en estas líneas a la infidelidad entendida en el segundo sentido planteado, es decir, a la coyuntura en que alguien mantiene una relación sexual con otra persona, a expensas del compromiso que lo une con su pareja, y en la que no se incluye ningún componente emocional.

"No sé por qué lo hice" es lo que muchas veces suelen decir los pacientes varones que pasan por situaciones semejantes. Y a veces arguyen que podría tratarse del deseo de sentirse hombres, que "todavía pueden" (de acuerdo con el título de un espectáculo de Cacho Castaña que recordaba que siempre se alardea de lo que se carece). No obstante, en las mujeres se encuentra a veces el mismo argumento, sumado a una descripción de la pérdida de erotismo en su relación, y la falta de remedio al sucumbir al "sentirse deseada".

Ahora bien, ni para uno ni para otro pareciera que la distinción de género ofrece demasiadas respuestas, ya que la infidelidad en estos casos suele presentarse como algo inmotivado. Y esa falta de motivos suele llevar a que el traidor (porque la infidelidad en este punto es un asunto de traición) deje alguna pista para ser descubierto. Esa pista puede ser tan sutil como para motivar que el otro decida revisar su celular. En última instancia, lo importante es que aquí encontramos un factor crucial, al que ya nos referimos: la asociación entre infidelidad y sentimiento de culpa.

Desde la perspectiva freudiana, la infidelidad podría explicarse de una manera general. En una de sus *Contribuciones a la psicología del amor* (1910), Freud hablaba de la división del deseo en el varón, orientado por un lado hacia el amor materno y, por otro, hacia el erotismo de la mujer degradada. Por esta vía, al perder incentivo su relación de pareja, el deseo por otra mujer aparece como una suerte de compensación. No obstante, esta consideración es demasiado amplia.

Quien entrevió un aspecto más profundo de este fenómeno fue Melanie Klein, cuando en su trabajo *Amor, culpa y reparación* (1937) advirtió que la infidelidad es corriente como una manera de reducir la dependencia (¡el lugar de hijo!) que se siente ante la persona que se ama. De esta manera, es una suerte de venganza hacia el otro, para desasirse de algún modo –como dice la canción de Patricio Rey y sus Redonditos de Ricota– del "maldito amor que tanto miedo da". De acuerdo con esta explicación, se entiende el porqué de ese lazo íntimo entre infidelidad y culpa, ya que esta viene a ser una forma de reducir el deseo agresivo hacia el otro, una manera de poner a prueba su amor (a través del perdón).

La explicación de Klein es más comprensiva que la de Freud. Incluso conduce a un resultado clínicamente atractivo: nadie es infiel por deseo, sino por cobardía moral, por torpeza e inseguridad. Sin embargo, resta un aspecto que debe ser esclarecido. Nos referimos al componente de traición que conlleva la infidelidad. La venganza puede reconducirse a una relación dual como la que propone Klein, pero la traición supone el desafío de una ley que implica una "terceridad". Para entender este matiz es preciso recurrir al psicoanálisis de Lacan.

En la traición, no solo se expresa un deseo agresivo hacia otro, sino que se cancela el pacto que, como instancia tercera, unía a dos personas. Por eso, la infidelidad duele tanto, ya que se pone en cuestión la posibilidad misma de la relación. Una infidelidad nunca es algo que solo acontece como síntoma de una relación, sino que, más allá de cualquier motivo, es el síntoma del fin de una relación. Es una trampa.

Lacan decía que lo que no está prohibido se vuelve obligatorio. Quizás por eso la infidelidad sea un modo tan frecuente de terminar con una relación, cuando no hay otro modo más maduro de hacerlo. Solo por derivación se habla de la infidelidad como algo que implica un deseo "prohibido". Por el contrario, en la infidelidad se hace de la prohibición una estrategia para sostener un deseo artificial y, en última instancia, decepcionante.

La del siglo XXI es una pareja acosada por la infidelidad. Más bien, es una pareja tan endeble que solo puede apoyarse en arena movediza: la fijación en el deseo no produce más que inestabilidad. Pero es cierto que, en esta época que disolvió otros principios para hacer lazo, no queda mucho más que permanecer como deseables y, si no se puede controlar el deseo del otro, es posible perderlo en cualquier momento. Por eso, la forma más habitual para desplegar castigos o resentimientos en una relación es a través de la traición del deseo.

No obstante, ¿el deseo no es traidor por definición? Incluso cuando dos personas (se) desean, no desean lo mismo. El deseo es siempre un tercero en discordia en una pareja. A lo sumo, la infidelidad viene a darle cuerpo a aquello que ya, mucho antes, se realizó a través de la fantasía. A mí me importa ubicar que la interpretación moral del acto no suma demasiado; mejor tratar de entender por qué se llegó hasta ese punto, por qué ante un conflicto de deseo no quedó otra opción que esa forma subrepticia de agresión, porque –como ya dije– nadie es infiel por deseo.

Hoy en día cuesta demasiado dejar de ser hijos. Varones y mujeres, somos niños que nos debatimos ante las demandas culturales como si fueran versiones de mamá y papá. Creemos que estamos cambiando la sociedad, pero no actuamos más que una revuelta que, a veces, ni siquiera tiene dignidad juvenil. No se trata de ser conformistas, sino de que la orientación la dicte el deseo, porque podemos reinventar todos los modos vinculares que queramos, pero incluso una pareja abierta es permeable al reproche de infidelidad. El malestar del deseo ineliminable. Entonces, el punto es cómo transitar un vínculo que, a pesar de la ambivalencia, no lleve a la agresión.

Se ama con odio, nadie puede jactarse de que sabe amar. Por eso, si hay un desafío contemporáneo es el de evitar que el componente hostil del amor se resuelva agresivamente. Los infieles muchas veces terminan con una pareja a la que aman, por la culpa infantil que les produce el deseo; el castigo no redime del amor que, entonces, permanece intacto. En la infidelidad muchas veces alguien es agresivo con otro, pero se arruina a sí mismo en un intento desesperado por tener las riendas de un deseo que, si no controla, siente que se le vuelve en contra. Tenemos infieles por seducción compulsiva, infieles celosos, infieles despechados, infieles por miedo al abandono, infieles porque no se sienten del todo cuidados, etc. Lo importante es que en la segunda calificación de la infidelidad se reconoce el tipo de infantilismo que llevó a alguien a la traición efectiva. Quizás algún día pueda dejar de ser hijo/a en lugar de ser infiel.

Infieles del siglo xxi

Hay un viejo refrán que dice "De la muerte y de los cuernos no se salva nadie". Tal vez hoy en día, con los avances de la ciencia médica, si no dominar la muerte, al menos conseguimos demorar su eficacia. Con la infidelidad, en cambio, la humanidad no tuvo tanta suerte.

Sin embargo, las infidelidades ya no son lo que eran. En términos generales, podría decirse que actualmente no es tan común que sean solo los varones quienes tienen una vida extramatrimonial, a partir de la división erótica entre la esposa y la amante; pero no porque las mujeres no opten por vivir amores de fantasía (platónicos o de telenovelas) y se decidan a llevar al acto sus deseos. Esto sin duda ocurre, pero permanece en el marco de la pareja que llamamos "matrimonio" y que, en nuestra época, es un "brillante artefacto del pasado", para decirlo con Leonard Cohen.

En el contexto de la ética matrimonial –de acuerdo con las ideas del psicoanalista italiano Massimo Recalcati en el ensayo *Ya no es como antes. Elogio del perdón en la vida amorosa* (2015)– la infidelidad se plantea como transgresión y tiene condiciones específicas: solo respecto de una relación "asegurada" es que se puede buscar "afuera" lo que adentro puede resultar más o menos aburrido; o en una sociedad que celebraba el vínculo para toda la vida ("hasta que la muerte nos separe") es que podían surgir amores "prohibidos". Estos ejemplos clásicos muestran que las infidelidades basadas en la transgresión tienen por objeto recuperar el deseo, y por eso es que –en los finales más o menos felices– se plantea la posibilidad de que el amor sea más fuerte y, llegado el momento de la verdad, exista la chance de la reconciliación.

Sin embargo, las cosas cambiaron de un tiempo a esta parte. Ya no vivimos en un mundo en el que el matrimonio (o la pareja estable, con compromiso y proyecto común) regule nuestras relaciones sexo-afectivas. Lo curioso es que la promesa de fidelidad no perdió vigencia, sino que su influencia es mayor. Por ejemplo, la podemos encontrar en las "relaciones abiertas", lo que demuestra que la infidelidad no necesariamente supone una relación monogámica. Entonces, la pregunta es: ¿cuáles son los modos actuales de la *traición* amorosa?

Subrayo aquí la palabra "traición", porque esta es la diferencia con el modelo de la transgresión. Situemos algunos ejemplos típicos de infidelidad en nuestros días: quienes lo hacen por venganza, quienes lo hacen por miedo a ser dejados, quienes lo hacen para no sentirse en una relación, quienes lo hacen por narcisismo, es decir, para hacerse reconocer como deseantes (antes que para recuperar un deseo). En estos casos, lo interesante es que la infidelidad puede no tener nada que ver con una cuestión de erotismo; o, como dice un personaje en una película de ese director hoy innombrable, pero que no por eso deja de ser uno de los mejores en la historia del cine: "Usas el sexo para expresar todo tipo de emociones, menos el amor".

Que la traición sea la figura actual de la infidelidad se explica por la vulnerabilidad creciente que nos enlaza a los demás. En un contexto en que el deseo se convirtió en el sostén de nuestros vínculos, ¿cómo no vivir asustados de que una pasión tan caprichosa –que se define por la variabilidad de su objeto– nos descarte en cualquier momento? Así es que se acusa el carácter traicionero del deseo mismo, que a veces traiciona incluso a quien desea. No por nada hoy se vive acosando el deseo del otro: ¿dónde está? ¿A quién miró de esa forma? ¿Quién es esa persona que llama o escribe? Con la ampliación de la infidelidad, en un mundo en que las personas tienen que dar cuenta permanente de su deseo y en el que no ser deseado se vive como rechazo, ¿cómo no vamos a tener en los celos uno de los sufrimientos más frecuentes?

De este modo, como bien subraya Esther Perel en su libro *El dilema de la pareja. ¿Estamos hechos a prueba de infidelidades?* (2021), la traición deja de nombrar un hecho (un acto sexual) y, en un mundo tecnológico, se diversificó, al punto de que se encuentra también en chats, intercambios de *mails* o fotos. ¿Quién puede decir hoy cuál es el límite, cuando ya no se trata de la diferencia entre lo permitido y lo prohibido, sino de la confesión de un deseo?

Entender un fenómeno tan complejo como la infidelidad no implica que se lo justifique. Al contrario, es solamente cuando dejemos de pensar en la perspectiva moral de nuestras relaciones amorosas y podamos reconocer la fragilidad de nuestros lazos, que tal vez podamos exigirnos menos y cuidarlos más.

LOS VARONES QUE SE ENAMORAN DE OTRA MUJER

Luego de situar las coordenadas vengativas de la infidelidad y los modos actuales de la transgresión, me detendré en un tipo de consulta muy frecuente hoy en día.

"Me enamoré de otra mujer" es una frase bastante habitual en la primera consulta de algunos varones, cuando les preguntamos por qué vinieron en busca de un analista. A veces da la impresión de que la dicen como quien pide disculpas; también puede ser que sea en busca de alguna complicidad. Lo que siempre me llama la atención es que digan que se trata de "otra" mujer, porque eso indica que no hay solo una; es decir, ¿respecto de qué mujer aquella de la que se enamoraron es "otra"?

La pregunta no es meramente retórica, porque da la pauta de que amar a una mujer puede ser la condición para enamorarse de otra. En este punto, me quiero referir a los casos de varones que se enamoran de otras mujeres cuando, por un lado, están en pareja y, al mismo tiempo, no se trata de parejas que estén en crisis. Ellos mismos lo dicen con algo de sorpresa: "Tengo una buena pareja, compartimos muchas cosas, sexualmente la pasamos bien".

Una repuesta fácil sería hablar del deseo como pasión inquieta, de su insatisfacción intrínseca, de que siempre busca otra cosa; pero estos varones de los que hablo no son unos brutos, son tipos grandes, que no se andan a su edad (entre 40 y 50) atrapados en la veleidades del inconformismo. Tampoco son narcisistas que disfrutan del ligue como estrategia para verificar que "todavía pueden". No los subestimemos, viven algo más importante, que ni siquiera se puede reconducir al conflicto neurótico (obsesivo) de dudar entre dos mujeres, aunque a veces así lo presenten, con esa pregunta: ¿qué hago? ¿Con cuál me quedo?

Quizás se trate, a veces, de varones ingenuos: creen que son ellos quienes pueden elegir a una mujer; en este punto tal vez sean un poco infantiles. En todo caso, lo que me importa destacar es que lo primero que, como analista, me surge preguntar es cómo, cuándo y por qué se enamoraron. No pocas veces confirmo que ese amor es reactivo, es decir, surgió como respuesta a alguna circunstancia. Dije antes que estos varones no suelen estar atravesando una crisis con su pareja; bueno, enamorarse de otra mujer puede ser la vía para introducir una crisis que, de otra manera, no podían vivir. Así puede verse que el conflicto era de origen interno, pero necesita una causa (o excusa) externa.

¿Por qué un varón no podría vivir una crisis con su pareja sin recurrir a un amor de este tenor, a un artificio semejante? Esto me recuerda a esa canción de Rodrigo que dice "¿Cómo le digo a mi mujer que ya no la quiero más, que otra ocupa su lugar, que vivir sin ti no puedo?". Es claro que una afirmación semejante es imposible de articular, ¿no sería incluso hasta un acto sádico decirle algo así a una mujer? Esto es lo que un analista escucha, cuando alguno de estos varones nos cuenta su sufrimiento con palabras más o menos parecidas a las del cuartetero; entonces, ¿por qué querría castigarla? Es posible que esa mujer se haya vuelto algo opresiva para él, que en la fantasía de agresión no se trate más que de una proyección de su impotencia, puede haber diferentes opciones. Sin embargo, ya lo dije: estos varones no son idiotas, dejar la cuestión en este nivel sería, si no trivial, trillado. La importante no es recrear el rol que una mujer puede encarnar para un varón, porque así no haría más que justificarse. Es claro que, por esta vía, lo que una mujer es para un varón depende también del lugar que ella le otorgó. No se puede tratar a un varón como si fuese un niño.

Pienso en el caso de un varón que, en cierta ocasión, hablaba de sus hijos, del modo en que él privilegiaba la autoridad y les ponía límites. "Lavar los platos, hacer la cama, esas tonterías…", dijo y, en chiste, le pregunté si los límites eran tonterías. Era claro que esas actividades no valían por sí mismas, sino porque, en ellas, se reconocía cuánto obedecían los hijos. Entonces quiso agregar que su mujer era más "laxa", pero lo hizo con un lapsus que incluyó dentro de esa palabra una referencia al trabajo de ella. Así fue que se refirió al modo en que la mujer, trabajadora independiente, se manejaba de otro modo con su dinero. Si eventualmente alguna compra excedía el presupuesto, a él le tocaba complementar el monto. "Eso hace que yo tenga que trabajar más", dijo, pero es claro que esto no es lo que él pensaba; porque sus ideas sobre la economía familiar no se basaban en medir el aporte de cada uno. Entonces, la frase tiene una raíz inconsciente, que expone una fantasía (bastante común en varones): que las mujeres se dedican a gastar el dinero de los maridos, con la representación de una escena pasiva, "ella me hace trabajar". Lo interesante es que a continuación agregó: "Porque si yo hubiera recibido una herencia o mi papá me hubiera dejado dinero…". En ese punto, pensé: "Si así fuera, ella gastaría el dinero de tu padre", pero no se lo dije, porque había algo más importante para decir: que esa mujer le implicaba un trabajo.

¿De qué clase de trabajo hablo? No me refiero al que se expresa monetariamente, sino a uno mental. Me explico: en ese señalamiento del gasto, este varón nombra un punto en que reconoce en la mujer algo que se le escapa, un exceso y, si pensamos este aspecto a partir de lo que había dicho anteriormente, podemos interpretar: quisiera que hubiera en ella un límite, que lo reconozca a él; no es una relación paternalista, aquí sería vulgar la idea de tildarlo de "machirulo" y esas cosas que se dicen hoy para aplastar la capacidad de pensar. No es una relación paternalista, porque justamente él añora la presencia de un padre. Su alusión a la herencia podría parafrasearse: si mi padre me hubiera dado "algo" más, yo podría hacerle frente a lo que en una mujer me excede. Es una hermosa fantasía de varón, la que apuesta al padre como recurso último para hacer frente a lo femenino. En efecto, todo un seminario de Jacques Lacan (titulado *Aún*) está dedicado a esta idea y a mostrar que el padre, para un varón, fracasa y esa y no otra es la vía por la que deviene masculino.

El caso de este varón, como el de muchos otros, da cuenta de un conflicto básico de la masculinidad, el que surge cuando la mujer demuestra el fracaso del padre. Decir esto y agregar "cuando una mujer mata al padre" es lo mismo. A veces puede creerse que la fantasía parricida para un varón se juega en su relación con otros varones, pero este es un espejismo que incluso a veces ellos mismos llegan a creer. Como alguna vez escribí en cierto libro, el análisis para un varón es para poner a la mujer en el lugar del padre y, por cierto, esto no quiere decir que esa mujer se defina anatómicamente. Mujer en la teoría psicoanalítica es todo lo que permite ir más allá del padre, pero sirviéndose de él.

Volvamos, entonces, al comienzo. ¿En qué momento suele darse este enamoramiento reactivo que, como dije, ocurre en relaciones que no se encuentran atravesando una crisis? Por lo general, la coordenada psíquica de estos casos se relaciona con el conflicto que mencioné antes: es el momento en que, incluso después de mucho tiempo juntos, se juega para un varón asumir a su pareja como esposa. Por lo tanto, diría que enamorarse de "otra mujer" es un típico síntoma de marido. Desde ya que una pareja puede haber contraído matrimonio (civil o religioso) mucho antes, quizás nunca, pero ni el Estado ni Dios unen lo que solo el inconsciente asegura.

A través del enamoramiento reactivo, un varón regresa – luego de alternar entre su posición de hijo y padre (la breve reseña que indiqué muestra esa alternancia)– al único lugar en que cree que puede ser un hombre para una mujer, como enamorado. Sin duda, este es un lugar mucho más cómodo y apasionado que el de marido, que la mayoría de las veces suele ser ridiculizado socialmente, acompañado de fantasías (de infidelidad, de desinterés, etc.), sumado a que hoy en día "ser el hombre de una mujer" parece un ideal de otra época. Sin embargo, hemos tirado al bebé (¿qué otra cosa es un varón cuando no es un hombre?) junto con el agua. Para el psicoanálisis no existe "ser el hombre de una mujer", porque "ser un hombre para una mujer" es algo muy distinto. No se trata de ser quien la ame cual Don Juan eterno, ni quien la proteja como un padre; mucho menos la madre que la rete y controle. ¿Qué es ser un hombre para una mujer? Esta es la pregunta que a veces el análisis despierta para esos varones que, cuando llegaron a la consulta, creyeron que su conflicto era haberse enamorado de otra mujer.

La formalidad de una pelea

Lisandro (25 años): *Estoy saliendo hace unos meses con un chico, estaba re enamorado y el otro día tuvimos una discusión que medio fue cualquiera, resultó re posesivo y no me gusta nada. ¿Cómo puede ser que el amor haya desaparecido de eso? La verdad es que me decepcionó. El chico me gusta, pero no sé, quiero entrar en una formal. ¿Termino la relación o sigo?*

Lisandro plantea distintas cuestiones y tenemos que analizarlas de a poco antes de darle una respuesta. En principio, me interesa que diga que estaba "re enamorado" y, de repente, pasó algo: hubo una discusión. Esta secuencia es clásica.

En un primer momento, el enamoramiento es pura ceguera, es sentimiento efusivo, ideal de completitud. Es una estupidez, una hermosa estupidez, pero la verdad es que no sabemos con quién estamos. No hasta la primera pelea. Con la primera tensión, es decir, cuando dos se dan cuenta de que tal vez quieren lo mismo, pero no de la misma manera, ahí empieza la posibilidad de una pareja.

Ahora bien, antes que la discusión o el conflicto, que forman parte de toda normalidad, lo que me interesa que pensemos junto con Lisandro es el modo en que se responde al conflicto. Él dice que su chico "resultó re posesivo"; me parece significativo que al "re" del "enamoramiento" lo redobla el "re" de la posesión: ahí se juega un intercambio de posiciones, un psicoanalista nunca dejaría de estar atento a esto. En este redoblamiento se nota que él está molesto, quizás se sintió reprochado. Esta idea podría desprenderse de lo que dice después respecto de la formalidad. Lo que me importa es que en el tono del *mail* se nota que Lisandro, en cierta medida, se justifica, nos pide que lo entendamos, que nos pongamos de su lado. Y nosotros, ¿nos vamos a poner de su lado?

¡De ninguna manera! Lo vamos a entender, sí; lo vamos a acompañar, pero no le vamos a ahorrar el problema. Le vamos a dar toda nuestra comprensión, pero no lo vamos a tratar como un tonto. Lisandro, si te justificas, es porque sientes culpa; entonces, algo te afectó: tratemos de situar una encrucijada. El chico te gusta, entonces no es para tirar para atrás o ponerte en la falsa superioridad de "Me decepcionó". Te enamoraste y no todo es lindo en el amor, no todo es fácil, así que arremanguémonos y tratemos de pensar algo. Te propongo lo siguiente.

Antes dije que en el enamoramiento no sabemos con quién estamos. Hasta que llega la primera pelea. Ahí se pasa de la relación al vínculo. ¿Y qué implica un vínculo? Que lo que nos une a otro es más que un sentimiento, es más bien una serie de expectativas, de proyectos, etc.

Una estructura común en el pasaje al vínculo es que la unión sea a través de la relación reproche-culpa. Es una estrategia típica: con la primera pelea, puede ser que uno se victimice y así induzca culpa en el otro, que puede enojarse, pero así no hará más que sentirse más culpable. En adelante, alcanzará con que el primero llore para que el otro reaccione culposamente y, por ejemplo, le grite: "Y ahora ¿por qué llorás?", pero ahí se reconoce la estructura vincular: "Todo lo que me hace mal es por ti". Entonces, si una relación asume este vínculo, va a funcionar por lo general de manera cíclica y de manera limitante. Esta estructura es la que muchas veces se juega en lo que se llama un tipo de posesividad. No es un problema que el otro quiera que seas "suyo", por decirlo así, sino de qué modo y con qué costo.

De este modo, creo que, a partir de sentirte afectado, en lugar de perseguirte, puedes darle una vuelta más a la cuestión y no ponerte a la defensiva, sino salir al encuentro de lo que te gusta en el otro y proponer algo mejor, en lugar de retirarte. A veces nos toca lidiar con las inseguridades del otro, no podemos esperar que el otro siempre venga puro, porque tampoco nosotros somos una joyita.

Y quiero agregar algo más, para que pensemos entre todos. En el enamoramiento, todos somos vulnerables. Si no sintiésemos que nos falta algo, no nos enamoraríamos. Cuando nos enamoramos, buscamos algo en el otro. Y aquí puede haber diferentes vías para buscar lo que nos falta: puede ser que encontremos en el otro algo que nos mueva, que nos impulse a cambiar, que nos transforme; también puede ser que nos enamore en el otro algo que quisiéramos tener; por ejemplo, si el otro es hábil socialmente y yo soy tímido, siento que a través de estar con él puedo adquirir ese rasgo, vivo a través del otro algo que a mí me falta, pero sin que sea un motor de cambio.

Este último tipo de relación es lo que llamo "complemento" y este tipo de vínculos son los que suelen volverse dependientes, no solo porque no producen cambios a nivel personal, sino porque, cuando yo quiera moverme un poco, el otro me va a poner un pie encima, quizás me boicotee, porque en la relación complementaria mi amor está basado en mi fragilidad y no en mi potencia.

Para concluir, algo más sobre este pasaje del enamoramiento a la pareja. En un primer momento, además de los sentimientos, entre dos personas se da una relación de poder. Porque incluso entre los sentimientos no hay simetría; nunca los dos tienen las mismas ganas de verse, el *flash* es en uno mayor que en el otro, cosas que pasan; pero esto va de la mano del modo en que una pareja empieza a pautar los modos de verse: una disputa corriente e implícita es en función del tiempo para verse, qué días, cuánto tiempo, etc. En este punto se juega una relación de poder, porque uno de los dos va a imponer su ritmo, difícilmente esto sea consensuado. Esto a veces puede sentirse y crear en el otro un refuerzo de su vulnerabilidad; el punto aquí es poder ir despacio, no anticiparse: entrar en el ritmo del otro no necesariamente es perderse ahí, tampoco que el otro nos domine. El poder es tensión y creer que se lo tiene es a veces lo peor. En todo caso, lo importante es no hacer interpretaciones anticipadas: ver al otro en sus tiempos no quiere decir que, si no me someto, no lo veo; tampoco quiere decir que si el otro no se sacrifica es que no me quiere, etc. El problema en este tipo de situaciones es que se haga una interpretación lineal: nada en una pareja se da por un único motivo y, como dije antes, cada quien llega a una relación con una historia previa y coordenadas que no conocemos. Por ejemplo, gustarle mucho a alguien puede ser el motivo por el que no quiera vernos más que en el tiempo que le sobra; también puede ocurrir que haya quien desarrolle toda una personalidad reactiva a la decepción de su última relación y, para el caso, prefiera salir con alguien con quien no se sienta tan expuesto. Todo esto es para sacar una conclusión simple: no tenemos manera de saber muy bien de entrada qué le pasa al otro. Quiero agregar, en relación a esta última circunstancia, un detalle final: si en el pasaje del enamoramiento al vínculo, por efecto reactivo de una relación anterior alguien espera que el otro no le falle, solo va a repetir el espejismo de que una pareja sea una reparación. Podemos pedirle al otro cualquier cosa, menos que no nos falle. Como no podemos pedir que nos amen, por eso lo esperamos.

Capítulo 6

MUJERES: ¿INTENSAS O DESEANTES?

El psicoanálisis nació del amor de las mujeres por un hombre. Más precisamente, del amor de las histéricas victorianas por Sigmund Freud. ¿Todavía vivimos en la época freudiana? ¿Por qué decimos que Freud es el padre del psicoanálisis? ¿Porque este es un hijo nacido de ese amor?

En uno de sus últimos ensayos, Freud dice –con un giro del romanticismo alemán– que su pregunta vital fue "¿Qué quiere una mujer?", pero ¿qué quería él de las mujeres? En principio, librarlas de un sufrimiento, uno muy específico, efecto de una sociedad que relegaba el deseo femenino. A principios del siglo XX, todavía el espacio público era para la realización del deseo de los varones y ¿qué descubre Freud? Que las mujeres también desean, con deseos que quedaban refugiados en fantasías, que se expresaban a través de síntomas. Nunca podríamos cansarnos de afirmar este descubrimiento: ahí donde la psiquiatría clásica veía mujeres histriónicas, simuladoras, caprichosas, incluso mentirosas, poco confiables, versátiles, inconstantes, etc., Freud reconoció la presencia de una relación con el deseo.

Típico ejemplo freudiano: una mujer padece una singular parálisis y, a través del tratamiento, descubre que la fuente de ese síntoma fue un deseo que ponía en cuestión el amor por su padre, por cuya enfermedad debía velar y, claro, paralítica, ¿cómo hubiera podido moverse de estar al lado de su cama?

Porque ocurre que en el síntoma hay un deseo, pero también un castigo por el deseo.

Otro ejemplo freudiano: una mujer desea secretamente a un hombre casado, que en el momento en que se le declara lo hace falsamente, solo quiere acostarse con ella; así es que ella enferma y, a través de un sueño, hace posible ese deseo frustrado, no puede olvidar. ¿Por qué enferma ella y no muere de vergüenza ese hombre descarado? Porque se trata de una sociedad machista, pero atribuirle machismo al descubrimiento de Freud, cuando justamente permite recuperar la potencia del deseo, es un desplazamiento trivial. Se lo corrobora en otro síntoma: la frigidez. Hoy en día se dice que Freud consideraba a las mujeres frígidas en un contexto social en que los tipos no "sabían" coger. Es un poco temerario suponer que haya quienes sepan coger, como si el sexo no fuera algo en lo que siempre somos principiantes –en el sentido de los *beginners* de Raymond Carver– y se olvida lo fundamental: para Freud, la frigidez de las mujeres no es un déficit sino un tipo particular de resistencia al deseo del varón, un modo de decirle "Así no", es un tipo de fuerza contraria, una objeción, en una sociedad en que las mujeres no podían decir que no de otra forma.

De esta manera, lo que Freud descubre con la histeria es la insumisión del deseo, y él, como analista, orientaba ese deseo hacia una práctica específica: el psicoanálisis. Así es que todavía hoy el psicoanálisis debe mucho a las mujeres, al punto que, si bien aún los varones conservan una voz privilegiada para hablar públicamente de la teoría, en las bases se trata de una práctica en la que las mujeres han hecho la principal contribución al deseo (del) analista. En una sociedad que no permitía la realización pública del deseo de las mujeres –en la que, por ejemplo, una mujer casada fantaseaba con su cuñado, tal como años después podía hacerlo con el galán de telenovela, antes de que llegase a casa su marido–, Freud no solo descubrió la raíz erótica de esa fantasía sino que legó también una práctica:

bienvenidas las mujeres al psicoanálisis, ya no solo como pacientes, sino como analistas.

Ahora bien, para Freud, ¿todas las mujeres eran histéricas? No. Ese es otro prejuicio que es necesario aclarar, porque, si bien es cierto que Freud no podía analizar sin que su paciente (hombre o mujer) se histerizase un poquito –en el sentido de que el deseo fuese la principal fuente de su sufrimiento–, lo cierto es que para Freud había mujeres que no eran propiamente histéricas. Por ejemplo, las que llamaba "mujeres narcisistas", aquellas que encuentran una complacencia en su propia imagen y que "aman el amor"; es decir, las que hacían del amor del otro una condición para amarse a sí mismas –como la canción *Orbitando*, de Daniel Melero, que dice: "Necesito que me ames para poder verme"–, actitud muy diferente de la histeria y que Freud buscaba conmover a toda costa por el tipo de dependencia que puede implicar. El narcisismo va en contra del deseo, conduce a una vulnerabilidad mayor que la incomodidad del deseo. En última instancia, Freud prefería la histeria no como una hipoteca de la sexualidad femenina, sino porque en su época era la mejor manera para hacer pareja con el deseo de una mujer.

Sin embargo, la nuestra ya no es la época de la histeria. Las mujeres cada día ganan más el espacio público. Su voz se hace oír de diferentes modos y ya no necesitan el dolor en el cuerpo como vía de expresión. También es cierto que el síntoma en el cuerpo ya no precisa al analista como interlocutor; la industria farmacológica y otras técnicas le ofrecen soluciones más inmediatas y cada tanto ocurre que un analista se entera de que una mujer, después de un tiempo de análisis, dejó de tomar ese analgésico diario que aquel médico le recetó alguna vez. La histeria, si todavía queda algo de histeria en este siglo, busca más a la medicina (hegemónica o alternativa) antes que al analista que le ofrecía ponerle voz a ese sufrimiento mudo, en la medida en que piensa que *eso* algo "quiere decir". Las mujeres hoy no van al analista con la carga de sus síntomas conversivos: ¿a qué van, entonces? Porque no dejan de ir, pero quieren hablar de otra cosa. ¿De qué? De amor. Y el malestar que despierta el amor hoy en día no tiene las mismas coordenadas que el deseo. ¿Cuáles son los motivos de consulta habituales en el siglo xxi?

Mencionemos cuatro, pero podrían ser muchos más. Asimismo, aclaremos que hay un desplazamiento en la edad de la consulta. La mayoría de los casos hoy se dan a partir de los 25 a 30 años, y pensemos que las histéricas de Freud eran mujeres que rondaban los 20 años. En cierta medida, la histeria es también un síntoma juvenil, aunque es cierto que las jóvenes histéricas de Freud ya eran mujeres casadas y, a veces, con hijos. Por supuesto que a veces esos matrimonios eran justamente una imposición social, ¡por eso la histeria como modo de privar al marido! La histeria es un deseo subversivo. Mientras que en nuestros días la mayoría de las consultas son de mujeres que rondan los 30 o ya los pasaron sin encontrar pareja, y a veces la expectativa es hallar a alguien con quien tener una relación formal, e incluso que quiera tener hijos; de mujeres que se separaron y quieren volver a estar en pareja, pero no encuentran cómo conciliar su deseo con el peso del rol materno, situación que lleva a una eventual disociación (que reparte los días para estar con alguien cuando no están los hijos, en la medida en que la idea de presentar a alguien a los hijos despierta temores y la búsqueda de seguridades, como que el vínculo esté lo suficientemente afianzado, algo que no termina de ocurrir, porque solo podría afianzarse con ese temor); de mujeres que se desenvolvieron en una carrera profesional y que el inicio de una relación amorosa las hace sentir que el mundo estable en que se reconocen empieza a tambalear y, si bien quieren estar con otro, sufren por advertir los límites de su capacidad de entrega; de mujeres que ya no temen quedarse para vestir santos, porque ni siquiera hay santos para vestir, apenas queda una soledad profunda que se parece mucho a la melancolía.

Ya no vivimos en la época de la histeria, porque ya no vivimos en una sociedad que hace del matrimonio su fin principal. La liberación femenina, solidaria del psicoanálisis, autorizó el deseo de las mujeres de una manera inédita, pero también trajo de la mano nuevos problemas. Los motivos de consulta que mencionamos antes eran impensables en la época de Freud, son propios de una sociedad como la nuestra, y podríamos agregar que también hay que sumar la particular destitución masculina que, en los últimos años, les dio a los varones un poder mayor, porque ya no están comprometidos con valores clásicos como el pudor, el compromiso, la responsabilidad, etc. Hoy en día, a un varón le alcanza con convertirse en un seductor para ser una trampa perfecta.

Sin embargo, ¿qué respuesta puede dar un analista, que no sea quedarse en una explicación sociológica del malestar contemporáneo? No hace falta un analista para decir que los varones son unos imbéciles. Pensemos un segundo en esta frase: "Son todos unos imbéciles". La frase podría ser entendida de dos maneras: por un lado, podría entenderse como si hubiera un conjunto, el de los hombres, pero también una excepción, como si hubiera uno que no, al estilo: "Este es un imbécil, que pase el que sigue". ¿No es esto lo que escuchamos en muchos casos? ¿Mujeres que pasan de decepción en decepción? Pero ¿cuál es el motor de este pasaje? A veces lo que se juega en este punto es una idealización que se consolida con el enamoramiento y, como suele ocurrir con las idealizaciones, después cae. Se escucha en frases como "De repente dijo esto y me desenganché", o "Estaba todo bien hasta que hizo esto", que muestran una situación: se espera de antemano que un hombre cumpla con ciertas condiciones o características, preferentemente afines, como si el hecho de que el otro fuese semejante conllevase una seguridad, pero ¿por qué se busca ese tipo de seguridad?

Esta posición también se comprueba en casos de mujeres que se interesan por un hombre en la medida en que este es "deseable"; es decir, la celotipia juega como una condición erótica y, aclaremos, no se trata aquí de los celos típicamente histéricos, porque en la histeria los celos suelen ser inconscientes, mientras que aquí se manifiestan de manera abierta, explícita y mucho más sufriente. Las consultas por celotipias también son bastante frecuentes hoy en día, mientras que en el análisis de la histeria tradicional solo después de un tiempo podía encontrarse que la forma alienada que hallaba el deseo era a través de unos celos que permitían suponerle un deseo a un tipo más frío que una maceta.

En última instancia, el amor basado en la idealización es el que se expresa en una particular demanda de muchas mujeres que "quieren" un hombre que sea así o asá, que quiera esto o lo otro; en definitiva, mujeres que quieren que un hombre quiera. Así se resume a veces este padecimiento: quiero que quiera y, por supuesto, ellos no quieren. Este "quiero que quiera" es la fórmula mínima de una posición demandante que a veces hace que a una mujer se la llame "intensa". La intensidad femenina no es una novedad de nuestra época, es más una continuación de lo que Freud –como dijimos antes– llamó "mujeres narcisistas", esas para las cuales el amor adquiere el carácter de una condición absoluta: quiero que ame, que me elija, ser su prioridad, que se sacrifique por mí, que me demuestre su amor, porque, si no, es un imbécil, no me quiere; pero el problema es que –como también dijimos– esta posición desplaza de un imbécil a otro y es, a decir verdad, una versión actual de la clásica fantasía del príncipe azul que es ese hombre capaz de renunciar a su deseo por amor y que, claro está, no existe.

Vuelvo a decir que, para Freud, era fundamental que esta posición fuese tratada, por la indefensión que implicaba. No era una posición histérica, porque la histérica era capaz de decir que "no" –al menos con su síntoma–; en efecto, la definición mínima de la histeria podría ser: "No quiero, deseo", mientras que en las mujeres llamadas "intensas" (que a veces ellas mismas se nombran de ese modo) lo que está en un primer plano es un padecimiento de la voluntad: "Quiero"; pero ¿y el deseo? Porque, por lo general, cuando alguien dice que quiere que el otro quiera, no es tan claro que desee lo que quiere que él quiera. Muchas veces esta posición va de la mano de querer que el otro haga lo que uno no se anima a hacer, es decir, va a contrapelo del deseo. Se espera que el otro traiga una suerte de seguridad para poder desear, pero ¿no es esta estrategia la que más aniquila la chance de que un deseo sea posible?

En este punto, podría pensarse que este planteo conduce a la nostalgia: ahora que la histeria parece cosa del pasado, se produjo un reforzamiento de las condiciones narcisistas del querer. Esto va a acompañado de una época que trajo mayores libertades, pero ¿qué libertad no trae problemas? Donde hay más libertad a veces hay más miedo a la hora de tomar decisiones, más temor a equivocarse; y la sociedad en que vivimos, por cierto, es cada vez más inhóspita con la experiencia. Por ejemplo, a veces hay quienes dicen haber "fracasado" en relaciones, cuando tuvieron relaciones amorosas que terminaron, pero ¿qué historia de amor es eterna? ¿Acaso no tenemos el duelo para que lo vivido nos enriquezca para una próxima vez? Pero nuestra época también rechaza la capacidad de duelo: ¡pronto! ¡Hay que pasar a otra cosa!

Antes dijimos que la frase "Son todos unos imbéciles" podía entenderse también de otro modo. Quizás ya no en términos de una excepción que desplace la decepción, sino a partir de que "no habría uno que no fuese un imbécil", por lo tanto, ¿por qué no hacer la experiencia de la imbecilidad de ese hombre singular? Que todos sean unos imbéciles no quiere decir que todos lo sean de la misma manera y, si se deja caer la condición de amor idealizada, puede aparecer un deseo que, como todo deseo, es incómodo, está un poco atravesado de torpezas, de eso que descubrió la histeria freudiana: que objetar un deseo es también lo que lo hace posible. Entonces, volvamos a la pregunta: ¿se trata de añorar la histeria? En absoluto. Vivimos en un mundo en el que la histeria es cada día menos posible; sin embargo, eso no protege respecto del sufrimiento de las mujeres, sino todo lo contrario; entonces, ¿cómo pensar un análisis que se oriente hacia un deseo que no necesite la represión, el refugio en la fantasía? Y decimos "un análisis" porque esto es lo más propio del psicoanálisis descubierto por Freud. El análisis es una práctica para la recuperación del deseo. Pongamos un ejemplo.

Se trata del caso de una mujer que, en el momento de la consulta, está en pareja con un hombre, en una relación que, por momentos, le parece frustrante. Ella sufre de celos que la atormentan; al mismo tiempo, cuando su marido quiere sexo, suele sentir rechazo. Si el analista fuera un freudiano ortodoxo, seguramente habría diagnosticado histeria. Sin embargo, Freud nunca fue ortodoxo, seguramente hubiera escuchado mejor y se habría dado cuenta de que en esos celos demasiado conscientes se presentía otra cosa, un dolor cuyo complemento es la vida sexual con un hombre que, más que el deseo, busca en ella que consienta en su satisfacción... la de él. Esto se verifica cuando, dada una coyuntura particular, ella empieza a hablar con otro hombre, uno que despierta su fantasía y algo más, porque en cierto momento tiene una cita con este hombre: ¿acaso debería sentirse culpable? Ella no se hace esta pregunta, entonces tampoco tendría que sentir hacerla, mucho menos hablar de infidelidad, porque no se trata de un deseo basado en la transgresión, sino de la actuación de una fantasía que le permite más bien recuperar un deseo que, hacía rato, consideraba perdido. En efecto, la relación con este hombre –como en una novela de Milan Kundera– le permite descubrir que era solo eso, una fantasía y, por lo tanto el vínculo concluye. Lo interesante es que en su propia relación de pareja ocurre algo particular: en la medida en que ella recupera algo de su deseo y deja de pensar que hay algo mal en ella por las ganas que no tenía antes –pero igual se dejaba, condicionada por celos, "para que no esté con otra"–, es el marido quien retrocede. "¡Es un imbécil!" dice ella, pero por él siente algún cariño y, entonces, en lugar de que el malestar se haga eco de manera culpable solamente en ella, deciden tener unas entrevistas de pareja. Solamente algunas, que llevan a que el marido inicie su propio análisis por otro lado, ya que también fue capaz de animarse a dejarse interpelar: una mujer que hiciera otra cosa que "dejarse coger" se le volvía muy "puta". Así es que había aplastado el deseo de su pareja en la relación. Un hombre capaz de escuchar no es necesariamente un machirulo al que juzgar y del que eventualmente separarse, en busca de otro "mejor", con el que seguramente repetir el desencanto.

Ya no vivimos en la época de Freud. Vivimos en una época en que el análisis aún es necesario. No para descifrar síntomas histéricos, sino para recuperar la potencia del deseo; para que este no caiga en las redes narcisistas, en el voluntarismo más inútil, ese que a veces se asocia a la queja: "Porque hoy los tipos…". El deseo empieza cuando lo que queremos no se nos da, cuando somos capaces de desear a pesar de la realidad y, más bien, cuando generamos la realidad para que un deseo se realice. Este cometido incumbe hoy a varones y mujeres; en este contexto, de vez en cuando ocurre que una mujer recupera su deseo y, por qué no, un imbécil escucha.

Son todos iguales

Matías (32 años): *Hace unos meses empecé a ir al psicólogo. Quise ir porque necesitaba hablar de la relación con una chica. Yo quería ir con un varón, para que me entendiera, pero a veces es como si se pusiera del lado de ella y tengo la impresión de que me critica. ¿Está bien esto? Como yo no sé de terapias, fui al profesional que me recomendó una amiga, pero quisiera preguntarte –y creo que esto le puede servir a muchos más que a mí, por eso te pregunto– cómo nos damos cuenta de si un psicólogo es bueno.*

Elegí el mensaje de Matías, porque su consulta suele ser muy común. De maneras diferentes, con otros términos, en otras oportunidades ya me preguntaron por lo mismo: la elección del terapeuta. Entonces vamos a hablar hoy de esta cuestión, que se relaciona además con el papel de las generalizaciones en un proceso terapéutico.

Por un lado, no puedo dejar de notar que, a través de la indicación de una amiga, él fue con un varón. Lo digo así, con sus palabras, porque la expresión me resulta bastante elocuente. "Ir con un varón", pero no olvidemos que antes Matías dice que es algo que quería; es decir: él quería un varón. No puedo dejar de subrayar que su elección va de la mano con una preferencia. Lo que es curioso es que para elegir un varón, lo haga con la recomendación de una amiga. Matías eligió el varón que su amiga eligió antes. Ya voy a volver sobre esto, pero dejémoslo planteado.

¿Qué nos cuenta Matías? Que su varón no está lo suficiente de su lado. Incluso pasa que se siente criticado. ¿Qué es lo significativo? Que venga a plantearme esta pregunta a mí, otro varón. ¿Qué debería hacer yo? Es inevitable pensar que, entonces, pesa sobre mí una pregunta sobre de qué lado voy a estar. Por eso lo primero que voy a decirle a Matías es que me gustaría saber qué quiere decir que alguien esté de un lado o de otro. Ahora bien, como no tengo su respuesta, puedo contarle algo a partir de lo que es común en la experiencia del psicoanálisis.

A los terapeutas se nos busca para que tengamos algún tipo de complicidad. Pasa con terapeutas varones y mujeres.

Y esto es mucho más notable cuando además se juega una misma orientación sexual. Por ejemplo, cuando una mujer heterosexual consulta a una terapeuta heterosexual respecto del sufrimiento amoroso con un hombre, hay un aspecto crucial para tener en cuenta: que la terapeuta no actúe a través de su paciente un fragmento de su propia vida amorosa. Esto que digo parece una obviedad, pero es bastante común entre terapeutas que tengan que supervisar nuestros casos (esto se hace con otros colegas) para despejar nuestra implicación personal. Sigo con el ejemplo, para que sea bastante común: supongamos que una mujer se va a vengar de un varón con el que estuvo saliendo; podría ser una tentación para la terapeuta autorizar esa venganza y por procuración no solo disfrutar de cómo se castiga a un varón sino también dar algún tipo de consistencia a la idea "Los varones son malos, hacen sufrir a las mujeres". Esto puede ser cierto, no importa la verdad del enunciado, pero en un tratamiento podría ser peligroso darle entidad, ya que, como dije antes, justificaría en la paciente sus actos, que es todo lo contrario de asumir un deseo.

Volvamos ahora a la situación que nos presenta Matías. Entre varones, la forma que puede adoptar la complicidad es el pacto. Él nos cuenta que consultó para hablar de lo que le ocurre con una chica. Pensemos en esta situación: entre varones: ¿no es común que surjan enunciados acerca de cómo son las mujeres? Los varones no hacemos otra cosa y, como dije antes respecto de la maldad de los varones, puede ser que esos enunciados sean más o menos verdaderos en la realidad (si es que la realidad existe), pero en terapia es preciso que esa verdad quede fuera de juego. Esto no quiere decir que enunciados de este tenor no se compartan, pero justamente es para analizarlos, no porque hablemos de ellos directamente; hablar de las cosas de manera directa en un análisis es algo torpe; sí es para atravesarlos, para situar en qué punto no justifican nuestras decisiones.

Entonces, Matías, me pregunto si eso que sientes como crítica no es más bien el punto en que el terapeuta no responde al pacto. Si tuviera que agregar algo más, te diría que entre varones es muy común que tengamos que intervenir para situar ese punto en que nuestro paciente no se puede representar su capacidad de lastimar. Por ejemplo, es posible que se sienta ofendido si la persona que le gusta no le presta atención (o toda la atención que quisiera que le dé, a veces infinita) y, por ejemplo, salga a seducir en otra parte. En este punto, es central intervenir sobre cómo la frustración lo lleva a ser eventualmente hostil con una seducción reactiva, porque cuenta con la imagen de la mujer como alguien que no sufre, resabio básico de la relación de un varón con la madre.

Este tipo de disquisiciones me parecen importantes, porque permiten situar hasta qué punto la función de un terapeuta no es abstracta, sino que también está encarnada en su condición sexual y, para que esta no sea un obstáculo en el tratamiento, es fundamental que a su vez el analista haya atravesado un análisis previo. En este punto, hay algo más para agregar: que no importa tanto la anatomía del analista, porque podría ser que una analista mujer funcione con complicidad viril, o un analista varón sostenga la venganza hacia otros varones a partir de una paciente mujer.

Ahora bien, con todos estos elementos, vayamos al punto que dejé en suspenso. Ya mencioné como algo notable que Matías fuese con un varón a partir del consejo de una mujer, pero con la expectativa de que el varón esté de su lado. Si hiciera eso, ¿no invalidaría la recomendación que lo trajo a la consulta? Con esto quiero decir que no es que el terapeuta no se pone del lado de Matías, sino que Matías pide algo que en verdad no quiere. Porque si el terapeuta se pusiera de su lado, inmediatamente perdería su lugar de terapeuta, no por una cuestión moral o ideal, sino por la dinámica misma del inicio del tratamiento.

De este modo, la "crítica" que Matías percibe por parte del terapeuta quizás se trate de algo más, en definitiva, de lo que llamamos "síntoma de transferencia": Matías le atribuye al otro una actitud que reprime su posición deseante. Lo interesante es que, si vamos al final de su mensaje, vemos que plantea la cuestión en términos abstractos, ya no pensando en él, sino en otros. No le vamos a creer este altruismo, porque sería más bien subestimar a Matías. Lo importante es preguntarle por qué en la expectativa de que alguien lo entienda, se desentiende él de aquello que lo afecta, ¿cómo no pensar que esa crítica que atribuye a otro habla de un aspecto personal que le cuesta reconocer?

Recordemos su frase: "Creo que esto le puede servir a muchos más que a mí" y que podría leerse no solo en el sentido de que *también* le sirva a otros, sino que le sirva a otros (muchos) "más que a mí", donde ese "más" funciona como una excepción. Así es que un psicoanalista escucha que alguien puede pedir lo que no quiere. En este caso, me parece perfecto, demuestra que Matías está en análisis. A él le queda pensar por qué necesito ir a verificarlo en otra parte.

Capítulo 7

LOS AMORES QUE PERDIMOS

Nadie puede hacer un duelo por algo que necesita; si lo necesitamos, no lo podemos perder: buscaremos otro que lo
reemplace o sustituya. Esta es la paradoja del duelo: para
hacer un duelo, necesitamos no necesitar lo que no queremos perder, pero si no lo necesitamos ya lo perdimos desde
antes, es decir, ¡estaba perdido! Entonces, ¿cómo hacemos
para perder algo que estaba perdido? Por eso es una paradoja.
Porque el duelo empieza cuando termina, es decir, cuando
se puede recuperar lo que se perdió y se lo puede tener de la
única manera en que se puede tener algo: sin que sea propio,
entonces, sin tenerlo.

Nuestra manera habitual de hacer duelos es a través de la
ausencia; por ejemplo, cuando el otro muere, o bien después de
una ruptura amorosa, en la que se impone ese tipo de muerte
simbólica que es dejar de verse y llegan todos los síntomas
asociados a esa imposición, que llevan a que el duelo se obsta-
culice. El obstáculo para transitar un duelo es lo que muchas
veces hace que alguien consulte. También puede ser que alguien venga a análisis por un motivo completamente diferente
y, sin darse cuenta, de repente se encuentra con un duelo no
elaborado. En la práctica del psicoanálisis, el duelo ocupa un
lugar central. Podríamos decir que el análisis es un dispositivo
para poder atravesar duelos, para poder transitar pérdidas, para
aprender a perder.

Ahora bien, ¿cómo se realiza un duelo en análisis? En principio, puede ser que esa persona que consultó por problemas con su trabajo, se encuentre con que aquello que lo une a esos problemas es la relación con la expectativa de su madre, para quien conserva un empleo que ya no le gusta, pero irse de ese lugar implicaría (en la fantasía) perder el amor materno. Permanecer como garantía amorosa, ¿cómo se trata eso? No alcanza solo con que un día lo advierta, sino que finalmente eso pasará por la relación con el analista. En análisis, la pérdida se juega también en el modo en que toca perder al analista. Aunque con una ventaja: en este caso, el duelo por el analista se realiza en presencia; este es el trabajo más arduo del tratamiento, ya que conduce a un desprendimiento que implica atravesar los modos sintomáticos de separarse: el enojo como una forma de reprimir el amor que permanece, el engaño de creer que se puede dejar de amar y, por lo tanto, que la falta de amor es el motivo de la separación (cuando, en realidad, la justifica), la indiferencia fingida para ocultar la culpa que produce querer otra cosa aunque el otro nos ame, y otras maneras neuróticas de transitar las relaciones. ¿Por qué después de una muerte o la ruptura de un vínculo amoroso, muchas personas sufren los duelos? Porque no aprendieron a separarse con amor; para eso existe el análisis, por ejemplo, para no ser destructivos antes de irnos de un lugar, para no convocar a la muerte y la ausencia como condiciones para decir adiós, que –como dice la canción de Gustavo Cerati– es crecer.

Por otro lado, la perspectiva analítica del duelo nos permite llamar la atención sobre otro punto: tenemos la costumbre de pensar el duelo como algo individual, como un proceso personal. Sin duda, es un trabajo interno, pero siempre se hace con alguien. El verdadero trabajo del duelo es encontrar con quién atravesar ese tiempo. Eso acerca mucho el duelo al amor. El duelo no es para dejar de amar a alguien, sino para separarnos de esa parte de nosotros que ya no es nuestra, que se fue con otro, que le dejamos a alguien. Pero para eso necesitamos amar. Es con amor que se hace un duelo. Por eso el duelo no es para estar en soledad, para encerrarse (esas son falsas salidas: "Quiero estar solo un tiempo", mentira, es para no irte del mismo lugar), sino que es preciso amar para salir (y no salir para amar), y no es que quien hace un duelo puede amar así nomás, sino que es con el amor de otro que hacemos el duelo. Un duelo se hace con amor; los duelos imposibles son aquellos en que no hay amor que permita pasar a otra cosa.

Asimismo, es imposible hacer un duelo si sentimos que no fuimos amados. Es un duelo imposible. Y el duelo imposible es una forma de retener el amor del otro. Aunque el modo en que se retiene el amor sea desesperante: por ejemplo, si el otro fue a un cumpleaños de un amigo común, si preguntó por nosotros, ¿será que nos sigue amando? ¡Por supuesto que te sigue amando! Pero no es por eso que se separaron; te amó hasta que no te amó más o hasta que se murió o lo que sea, estos son modos de seguir amando, porque el límite del amor no es el no-amor, ese amor aún está; pero quien se posiciona como no amado retiene el amor del otro, lo guarda autocompasivamente, para acechar signos que demuestren lo contrario. Un duelo empieza cuando se asume que el amor del otro no alcanzó para estar juntos.

Llegados a este punto, podemos plantear las dos fases de todo duelo. Para eso, nada mejor que mirar los rituales que imponen los duelos, aquellos que actuamos y que traen un reverso inconsciente. Por ejemplo, en el inicio de toda separación aparece el planteo de "devolverse las cosas". ¿Qué buscamos hacer con este acto? A veces se lo realiza con más dramatismo (como cuando se tiran las cosas del otro a la calle, o se las manda en un taxi), otras se intenta un encuentro de embajadores que intercambian cajas selladas, sin que escape algún gesto malicioso: devolver algún regalo. Sin embargo, este ritual más o menos explícito de devolución, ¿qué esconde? La respuesta es clara: eso que del otro se queda con nosotros.

El primer paso del duelo es una identificación, una incorporación del otro en uno, que cae –Freud decía "la sombra del objeto cae sobre el yo"– más bien como una maceta en la cabeza. A partir de ese momento, se vive con el fantasma de su presencia. ¿De qué manera se corrobora esto? En que se lo vea en todos lados, en que hasta una bata en el baño –como dice el poema de Fabián Casas– sea un signo que haga al otro presente.

Este primer paso del duelo se podría llamar también "melancolía transitoria", que puede ser más o menos consciente. Por un lado, quien sufre intenta por todos los medios ahuyentar la presencia del otro; pero, por otro lado, descubre su inminencia furtiva a cada paso. Incluso este paso puede ser completamente inconsciente, como le ocurrió a ese varón que después de una separación contaba que estaba de excelente humor, que era como si no hubiera perdido nada, hasta que se dio cuenta de que en la vida diaria realizaba diversos actos de la misma manera en que los hacía su pareja. ¿Cómo se iba a reconocer taciturno, si estaba mimetizado? Otra forma en que se da este paso inicial del duelo, basado en la incorporación, se puede resumir con los casos de todos aquellos que odiaban cierto estilo de música y, luego de la separación, se dan cuenta de que tomaron el gusto musical del otro. De repente reconocen ciertas canciones, hasta se saben ciertas letras. En última instancia, este primer momento se parece mucho a una gestación en la que un *alien* empieza a vivir dentro de nuestro cuerpo. Esta metáfora, quizás un poco fuerte, no es ingenua: lo doloroso no es un parásito dentro de nosotros, sino que atravesar un duelo se parece mucho a un embarazo.

Separarse es un acto erótico. No porque tenga un ribete melancólico deja de ser un acto que –como todo acto– tiene una causa sexual. No es raro escuchar a personas que durante el proceso del duelo sueñen con hijos, a veces con los que no se pudo tener en la relación, o que simplemente queden detenidas en el pensamiento de lo que pudo haber sido. Este es un tipo de pensamiento muy particular. Desde el punto de vista psíquico, el pensamiento de lo que pudo haber sido ocupa el lugar erótico de un hijo deseado. Por eso el modo en que alguien atraviesa los duelos, en este proceso inicial, depende mucho de cómo se relaciona con el deseo de hijo, porque ¿qué es un hijo? Es algo que otro nos da, es algo que nos toca recibir, pasivamente, que nos queda cuando el otro no está, que nos recuerda al otro progenitor, que lleva sus rasgos, etc. Muchas parejas se separan en el momento en que empiezan a buscar hijos, ¿quiere decir esto que no lo querían? Más bien, por el contrario, a veces el duelo es el único momento en que pueden tener ese hijo deseado. Por eso tampoco es raro que después de ciertas relaciones haya personas que, en muy pocos meses, tengan una relación sexual de la que resulte un embarazo.

En este punto, si antes hablé de la melancolía, quizás haya quien piense que es algo extraño unir con el embarazo un afecto que se relaciona con la tristeza. Es que en realidad la melancolía no es algo necesariamente triste, es más bien un modo de relación con la pérdida. Es melancólica toda actitud en la que es necesario identificarse con lo que se perdió para poder tenerlo. De esta forma, no dudaría en llamar melancólico el afecto de la mujer que, si bien no quiere tener un hijo, no puede dejar de ponerse un poco triste cuando corrobora su menstruación mensual. También son conocidos todos los casos en que es preciso dar por perdido algo para que, luego, ocurra –por ejemplo, en torno a los tratamientos de fertilización. La melancolía es un modo de gestar, en la medida en que implica poder tomar algo de otro y perderlo, pero solo así hacerlo propio, incubarlo, llevarlo dentro de uno.

Estoy convencido de que estas conclusiones pueden sorprender a más de uno. Seguramente se debe a que vivimos en una sociedad que piensa el duelo como algo cercano a la muerte y no como un proceso vital. Es cierto que el duelo puede empezar por una pérdida inesperada, pero ¡no es la muerte! Aunque la muerte haya sido la causa de esa pérdida. El duelo, en cambio, como proceso psíquico, es una forma de recuperar la vida, de dar vida; pero si quedara en su fase melancólica, es verdad que tendría un costo muy alto, que se basaría simplemente en el sacrificio y en la asunción de una actitud de clausura. El embarazo no es un parto y, luego, llega el momento de parir.

El parto no es un proceso natural. Nombramos como parto todo acto en que toca perder una parte de uno mismo, para darle lugar a lo otro. En la segunda fase del duelo se trata justamente de esta cuestión: luego de haber incorporado el amor del otro, de que se haya fundido con la propia personalidad, de que esos rasgos ajenos estén implicados en nuestros hábitos más cotidianos, llega el momento de perdernos. Para expresar de otra manera lo que ya dije antes: en el duelo no perdemos al otro, más bien nos perdemos a nosotros mismos para poder amar a otros con el amor que otro nos dejó. En definitiva, en el segundo paso del duelo dejamos de querer que el amor que perdimos sea nuestro para poder dárselo a otra persona. La pregunta central de un duelo no está en si vamos a amar de nuevo, sino en el desafío de volver a amar, de otra manera, con otro amor; y, por cierto, todos amamos con un amor prestado.

Asumir esta conclusión es muy triste a veces: que no hay amor original, que no hay amor auténtico, sino que todo amor viene de afuera, que nuestra forma de amar es el resultado de todos los amores que pudimos gestar en nuestro interior.

Sin duda hay quienes se aferran melancólicamente a los amores perdidos, como un modo desesperado de tener. ¿Puede ser extraño que en nuestra sociedad tener hijos y atravesar duelos se hayan vuelto dos procesos sumamente complicados? En este punto, no dudaría en diagnosticar como melancólica a nuestra época. Todo duelo implica un cambio de posición, la pérdida de un lugar simbólico y la adquisición de otro. Ese es el objeto que se pierde en un duelo. Por ejemplo, quien deja de ser estudiante al graduarse. Es posible responder maníacamente a un duelo: anotarse inmediatamente en un posgrado, para conservar el lugar de estudiante. En las relaciones amorosas pasa lo mismo: en una separación se pierde el lugar desde el que fuimos amados, pero también se lo conserva.

Puede ser que alguien se refiera a su "ex", pero esa es una forma melancólica de retener el amor del otro; los duelos son justamente para no tener ex (para dejar de definirse a partir de otro que ya no está y del lugar que perdimos). La salida maníaca en el amor es conocida. Mejor, para concluir, pensemos la diferencia entre melancolía y depresión. La primera es no poder encontrar un afuera a un lugar que define otro (por eso Charly García decía "salir de la melancolía"; la melancolía se trata del afuera). La depresión es no poder cambiar de lugar, es que haya cambiado todo y seguir en el mismo lugar ("Yo sigo en el mismo lugar, estoy pensando dónde estás" dice la canción de Esteban García "Todas las canciones hablan de amor"), incluso si no cambió nada, también. El melancólico no puede salir ("Estoy verde, no me dejan salir", también cantaba Charly), el depresivo está en el mismo lugar a pesar suyo. Por eso mucha gente se deprime cuando las cosas le salen bien, cuando llega a un lugar y se queda sin otro a donde ir.

El duelo no es un tipo de depresión. Es un proceso psíquico para recuperar la vida, pero eso implica aprender a perder y, sobre todo, no quedarse identificado de manera melancólica con lo perdido. Más bien, poder gestarlo y, luego, salir-par(t) ir, recuperar el afuera.

¿Volver con un ex o perder un deseo?

Es posible decidir el fin de una pareja, pero no de un deseo. Hay parejas que llegan a su conclusión porque el deseo se perdió en el camino. Sin embargo, hay otras a las que les toca hacer un duelo complejo: ya no el duelo por la relación que terminó, el vínculo que daba ciertas seguridades o, al menos, una identidad y un aire de vida cotidiana. Me referiré aquí más bien a la pregunta por cómo se hace el duelo por un deseo que une con otra persona cuando ya no vamos a continuar juntos.

Para explicar mejor de qué hablo, voy a contar un ejemplo bastante típico. Lo haré a partir de situaciones que son corrientes en los relatos de experiencias de análisis, la de nadie en particular, sino la de muchas y distintas personas que comparten un modo más o menos habitual de sentir. No se trata en estas líneas de una consideración universal, sino de algo que viven varias personas que conocí y conozco, no sé si hay mejor motivo para hablar de estas cuestiones.

Después de varios meses de peleas irreconciliables, dos personas deciden ponerle un punto final a su relación. Durante un primer tiempo, ambos están aliviados, pero de repente empiezan a preguntarse por qué el otro no llama, piensan en escribirse, quizás lo vienen haciendo, pero ahora se preguntan en qué andará el otro, ¿se estará viendo con alguien? No digo que se haya acostado con otra persona, esto es imprevisible, más bien la pregunta es si está "conociendo" a alguien. ¿Volverá a enamorarse?

Sí, es muy posible que el otro vuelva a enamorarse: ¿se lo podemos prohibir? En este punto, además hay que ser coherente: en la despedida dijimos "Te deseo lo mejor" y seguramente eso incluye que el otro pueda "rehacer" su vida, si es que una vida puede rehacerse. Por cierto, ¿querríamos volver con el otro? Esto es claro, nuestra decisión es indeclinable. No éramos felices y, seamos honestos, nosotros estamos en pleno inicio de una relación que nos tiene entusiasmados. No es este un caso de esos que los artículos proponen cuando plantean la pregunta: "¿Cuándo regresar con tu ex?".

Esta última expresión es curiosa: ¿es realmente posible volver con un ex? La idea misma de "ex" es extraña, porque supone un vínculo en presente, pero con alguien del pasado. Un "ex" es el presente que nos une con el pasado, o la continuidad del pasado en el presente, como no resuelto; quizás por eso quienes "regresan con sus ex" terminan reeditando la relación que tienen, o bien lo hacen para confirmar que querían separarse. Una pareja necesita a veces múltiples retornos antes de poder despedirse. Sin embargo, no es de esto que hablo en esta ocasión. Incluso pienso que hay quienes pueden estar de nuevo con alguien con quien tuvieron algo en otro momento, pero este reencuentro no es "volver con un ex", sino empezar nuevamente (es decir, de manera novedosa) con esa persona a la que alguna vez creyeron que conocían. En este punto, es saludable que las relaciones a veces concluyan con dos personas diciéndose: "Te desconozco, no sé quién eres". Pensar que realmente sabemos quién es el otro, o creer la ficción de que sabemos quién es el otro, se parece más a la necesidad de justificar algún tipo de irresolución personal; puede ser justamente el modo de tratar un deseo que aún permanece: necesito decir(me) que el otro es así o asá para reprimir el deseo que me une con él o ella.

Así es que regresamos a nuestro tema. ¿En qué andará el otro? Entonces, puede ser que asuma dos actitudes: quizás cada tanto le mande un mensaje, o le haga llegar alguna noticia mía, para "tantear" si aún me responde, si está disponible, si se acuerda de algo que yo no puedo olvidar (un día en que fuimos felices), etc. En definitiva, por esta vía lo que hago es tantear si aún soy el objeto de su deseo. La otra actitud consiste en sufrir si veo una foto suya, si nos cruzamos por la calle y lo (o la) veo de un modo conmovedor, seguramente con un atractivo mayor al que tenía cuando estábamos juntos. Si sufro, es porque deseo. Hay personas que, por ejemplo, nunca pierden el deseo de acostarse con un ex, a pesar de que no quieran retomar la relación. Hay ex que se acuestan y, luego, se arrepienten, o buscan la manera de irse lo más rápido de la escena, tanto como están los que no pueden dejar de hacer alguna mención que demuestre que "conocen" al otro, tal vez como una manera de esperar un reconocimiento por haber sido objeto de ese deseo alguna vez.

Freud decía que el deseo es indestructible. Esto no quiere decir que no haya deseos que se pierdan. A veces el fin de una relación se debe a que después de haber realizado los deseos que nos unían con otro, ya no queda mucho más que hacer. El problema son los deseos no realizados. O esos que quedan "pendientes" cuando dos personas deciden que ya no quieren estar juntos. También hay parejas que solo estuvieron unidas por un par de deseos y quizás por eso nunca se pusieron de acuerdo. El deseo produce un lazo, pero no siempre es de unión irrestricta. El deseo, como muchas veces escribí, también separa, porque en el deseo no hay simetría: ojalá una relación humana se pudiera reducir al simple "Yo te deseo", "Tú me deseas", "Nos deseamos" y listo.

No le voy a pedir al lector que lea a Hegel o a Lacan, para tener una visión más compleja del deseo, pero me alcanza con decir que en el deseo no hay "compañerismo", porque en el deseo siempre quiero del otro algo que no puede darme sin dejar de ser quien es; con el deseo siempre se trata de cambiar al otro, de una manera en que incluso si cambiara, no quisiéramos. El deseo es lo que ocurre entre pedirle al otro que cambie (de un modo que no quiere) y un cambio que, si se realizase, no querríamos. No hay que leer a Hegel o a Lacan, alcanza con leer las pintadas en las paredes o los carteles del estilo "Gordi, vuelve conmigo, ahora me baño". Cuando leemos un anuncio semejante nos reímos, porque creemos que el destinatario nunca estará de acuerdo, pero nuestra risa reprime aquello que menos nos gustaría escuchar: que quien se ofrece de ese modo, lo último que quiere es volver.

Para concluir este apartado, reflexiono en que durante mucho tiempo pensamos la pareja desde el punto de vista del deseo. Sin duda, es un factor importantísimo, pero también puede ser el que menos hable de la pareja que dos personas conformaron. Incluso puede haber un deseo que una a dos personas, pero no es fácilmente integrable a su condición de pareja. Por otro lado, también hay parejas que al principio no encuentran un deseo, pero después de un tiempo se descubren viviéndolo. Estas son las parejas más interesantes, porque no se basan en la inmediatez pasional, sino porque descubren una pasión como resultado del encuentro: la de estar juntos. No es lo mismo decir "Eres el objeto de mi pasión" que descubrir que "Mi pasión es estar contigo". Estas parejas, más interesantes, suelen ser también más frágiles, atadas a lo transitoriedad, no porque duren menos (a veces se prolongan durante muchos años), sino porque no basan la pareja más que en lo que hacen como pareja.

¿POR QUÉ NOS CUESTAN LAS SEPARACIONES?

Santiago (39 años): *Me separé hace unos meses y estoy muy triste. Muchas veces pensé en volver, en dos ocasiones lo intentamos de nuevo y no funcionó. No sé por qué pasa esto, porque somos buenas personas y nos queremos, ¿cómo se sabe si una relación está terminada o hay que apostar otra vez?*

La consulta de Santiago nos mete en el mundo de las separaciones. Y uso la palabra en plural, porque no hay un solo modo de concluir una relación. Hay quienes no pueden terminar una relación sin antes depositar en el otro todo lo malo, para poder justificar la decisión que van a tomar; también están los que necesitan sentirse culpables, para luego imprimirse diferentes sacrificios por la decisión que tomaron. Hay quizás tantas formas de separarse como personas; en términos generales, de todos estos años de ejercicio de la profesión psicoterapéutica me parece notar un rasgo habitual: a muchas personas les cuesta más aceptar que no les queda otra opción que separarse, antes que someterse a las penas de una relación infeliz.

¿En serio digo que a veces no hay otra opción en lugar de una separación? Aquí es que quisiera hacer dos consideraciones: por un lado, el mito del amor romántico implica para mucha gente la idea de que el amor es suficiente, que con amor alcanza para todo y, por cierto, pocas veces se sabe bien qué se nombra como amor. A veces puede ser un estado de dependencia, la sensación de que sin otro no se puede vivir; no quiero decir que el amor basado en la dependencia no es amor, pero sí que es un amor que necesita ser pensado y reformulado. Por otro lado, que a veces no haya otra opción más que una separación no especifica de qué separarse; es decir, en algunas circunstancias es preciso separarse de algo de uno para poder estar con alguien. Por ejemplo, si soy celoso, tarde o temprano mis celos van ser un obstáculo para la relación; en lugar de pensar en dejar la relación, o de amenazar a mi pareja con el abandono, de acuerdo con la proyección de la raíz insegura de mis celos, puedo tratar de resolver la fuente de mis celos y ser de otro modo en la misma relación.

Esta última observación nos lleva a un aspecto corriente en los vínculos amorosos de hoy en día. Me refiero a que se vive la pareja desde la perspectiva de su final, desde su posible culminación; entonces, con miedo al futuro, antes que anticipando en este último un lazo fuerte y duradero, asumido en proyectos y expectativas compartidas. Dicho de otra manera, el temor a la separación es a veces lo único que une a dos personas durante todo el tiempo de la relación. Estar unidos de esta manera es a veces peor que enfrentar una separación.

Del mensaje de Santiago me parece importante que diga que él y su pareja son dos buenas personas que se quieren. Este es un aspecto valioso si pensamos la separación no como un quiebre y una ruptura irremediable, sino como un proceso, como una instancia de elaboración que –aunque parezca una paradoja– también ocurre dentro de la pareja. En todo caso, hay relaciones que, de repente, interrumpen su comunicación, buscan que todo quede atrás, hacen como si nada hubiera pasado; pero esto es más bien el reflejo de una inmadurez afectiva. Salvo en casos en que haya habido algún episodio preciso que impida que dos personas conversen, una separación es un trabajo de a dos, que implica diálogo y reencuentro; no para que los dos piensen lo mismo, no hace falta que los dos tengan la misma idea de los motivos de la separación, pero sí para reformular la actitud que cada uno tiene respecto de la pareja: para saber qué paso y qué no, qué cosas que se esperaban ocurrieron y cuáles no, de qué manera es que cada uno va a seguir su camino sin que esto se pueda interpretar como mala voluntad o traición. En este sentido, más de una vez he dicho que un "ex" no es el pasado, sino una relación en el presente y, si bien no siempre puede consolidarse una amistad después de una historia de amor, en cambio puede desarrollarse un vínculo de confianza y apoyo para lo que viene.

Así es que me interesa retomar otro aspecto que menciona Santiago: que ellos ya lo hayan intentado en dos ocasiones. No creo que tengan que culparse por eso; a veces es preciso volver más de una vez para corroborar los motivos que llevan a separarse. Une el cariño de una historia común, lo vivido en tantos años, la garantía de que se está con alguien con quien se puede contar; pero también debo decir: muchas veces alguien elige una separación, no porque ya no quiera al otro, sino porque ya no quiere ser la persona que es junto al otro. Al estar con alguien, también nos elegimos a nosotros mismos y tal vez la otra persona, como tal, nos parezca encantadora e incondicional, pero la vida nos exige ir para otro lado, desarrollar ciertas capacidades, anhelos, deseos que al otro no lo representan, que le impondrían hábitos que le causarían dolor. A veces una separación no se produce porque ya no se quiere estar con el otro, sino porque es un modo de evitarle cierto sufrimiento.

A partir de lo anterior, una primera conclusión: las separaciones no constituyen eventos necesariamente traumáticos; a veces pueden ser una instancia de crecimiento. Así lo dice una hermosa canción de Gustavo Cerati, cuando afirma: "Separarse [...] poder decir 'Adiós', es crecer". Sin duda son episodios tristes, que nos conectan con una parte triste de la vida, pero lo importante es que se trata de una parte; no hay que identificarse con lo perdido, sino con lo que queda después de una separación. Me parece que es útil subrayar esto, porque a veces tenemos una idea "superada" de las separaciones, como si después de una relación tuviera que venir otra "mejor", que la supere, y esta puede ser una ficción muy dañina: cada vínculo es único en su condición y refleja quienes fuimos en cierto momento de la vida; poder pasar a otra cosa, a veces es saludable, pero eso no quiere decir que no queden recuerdos a los que regresar, momentos que dejan una huella indeleble en nuestra personalidad.

Querido Santiago, una relación no termina cuando dos personas se dejan de querer, sino en el momento en que pueden aprender a quererse de otro modo. Hay innumerables casos de personas que dejan de verse, que interrumpen la relación "en los hechos", pero desde el punto de vista psíquico siguen ligadas a la relación a través de fantasías (de que el otro los vea mejor, por ejemplo), de deseos de venganza o, más simplemente, de un odio que –en estos tiempos– es la continuación inmediata del amor.

Si ustedes son buenas personas y se quieren, inténtenlo todas las veces que quieran, siempre que no sea desde el miedo a
perderse; es decir, inténtenlo si todavía creen que pueden darse
algo. No dejen de apostar, si la pareja no es una limitación,
para uno u otro, sin que eso perjudique el compromiso de ser
honestos y valientes entre ambos. No traten de que la relación
funcione, porque está lleno de relaciones que funcionan y no
van a ningún lado. Incluso hay parejas que funcionan tan, pero
tan bien, que ahí está el mejor indicador de que están termina-
das. No dejen de intentarlo nunca si el amor no es suficiente y
es también el incentivo para cambiar sin lastimarse.

Porque de cualquier otra manera, van a seguir juntos, quizás
por muchos años, pero con un costo enorme: el malhumor, el
resentimiento; y la pareja seguirá y seguirá, con dos personas
que se necesitan para no morir, pero que –sin embargo– no
viven.

Capítulo 8

PAREJAS TÓXICAS, PAREJAS DEPENDIENTES

En este capítulo hablaremos de algunos temas complicados. Tengo que advertirle al lector que esperaré, en las próximas páginas, su máxima contribución, porque si en lo que sigue mencionaré algunos motivos específicos de la vida de pareja, lo haré en íntima relación con la visión del psicoanálisis; es decir, tendré que hacer un rodeo por ciertas nociones –que explicaré de la manera más sencilla posible– para, luego, iluminar algunos aspectos de los vínculos amorosos.

Sin embargo, para comenzar –y como continuación de lo entrevisto en el capítulo anterior sobre las separaciones– plantearé una de las preguntas más urgentes de nuestro tiempo: ¿cómo salir de una relación tóxica? Esta es la pregunta que muchísimas personas se hacen hoy. En una encuesta de estos días, el 70% de los consultados respondía haber estado al menos una vez en una relación tóxica. La pregunta inevitable es si el 30% restante quizás todavía estaba en una o, peor, si lo estaba ¡y no lo sabía!

Es cierto que la expresión "relación tóxica" se volvió de uso común y no parece ser algo muy serio desde el punto de vista conceptual. Sin embargo, ¿hay algo más serio que el modo en que las personas buscan nombrar lo que sienten? Si una expresión tiene tanta popularidad es porque refleja una realidad, un tipo particular de sufrimiento que se da en las parejas.

Pero la relación tóxica ¿es un tipo de pareja? Sí y no. Sí, en la medida en que cabe dejar de idealizar la pareja como un espacio libre de conflictos. No, cuando perdemos de vista que a veces se puede llamar como pareja la naturalización de una relación violenta. Las parejas tóxicas ¿son violentas? No siempre, pero donde hay una relación basada en la violencia es difícil encontrar que lo que une a dos personas sea el erotismo.

Entonces, ¿lo tóxico es el erotismo? Este no es necesariamente placentero; es más bien la extraña unión del deseo con la hostilidad. El origen del deseo no es el placer, sino algo más desagradable, como lo sabe cualquiera que recuerde el primer cigarrillo que fumó o el primer vaso de una bebida alcohólica, por poner ejemplos triviales. Si es que pensamos que estos ejemplos no son sexuales y necesitan ampliación, digamos que, si el erotismo dependiese del placer, la humanidad no haría otra cosa que masturbarse. Y díganme si la masturbación no le cobra tiempo a la humanidad; pero lo extraño es que también se quiera "otra cosa".

La hostilidad a veces es lo desagradable; otras, la agresividad, si definimos a esta última como lo que implica una tensión entre dos cuerpos. Claro que la agresividad no es la agresión, que no es una tensión sino la transgresión de los límites efectivos de otro cuerpo. Hay cierta agresividad en juego cuando dos personas se excitan, primero en una conversación, quizás luego en una cama. A veces el deseo se vuelve agresivo y puede ser que uno le clave las uñas al otro, o lo muerda. Habría que conservar la palabra violencia para otro tipo de situaciones.

Las llamadas "parejas tóxicas" a veces son relaciones de violencia que nada tienen que ver con el erotismo. Quizás sería excesivo llamarlas "parejas". Pero otras veces sí lo son. En este punto, lo que me importa ubicar es que un problema de la palabra "tóxico" es que nombra cosas distintas. Además, ¿una pareja "tóxica" es una pareja agresiva? No más que cualquier otra y sobre el deseo que une a dos personas nadie puede decir nada, a menos que trabaje gratuitamente en algún comisariado.

Una de las curiosidades de lo "tóxico" hoy en día es su uso clasificatorio; no es raro que el tóxico siempre sea el otro. Por eso me parece importante aclarar que no creo que haya personas tóxicas, sino vínculos que eventualmente lo son. ¿Existen las relaciones tóxicas? Sí, todas lo son en ciertas circunstancias. Antes que un tipo de pareja, que es preciso reconocer y de las que es preciso huir (como si fuera posible, porque ¿no se trata justamente de que son relaciones de las que es difícil irse? Entonces, decirle a alguien "Salte de esa relación" no solo es inútil sino que es una forma de reforzar una actitud culpable, es como decirle: "Eres tan idiota que no te puedes ir de una relación tóxica, eso quiere decir que te la mereces"), tóxica es una pareja cuando se vuelve dependiente.

¿Hay relación que no implique dependencia? Más bien diría que en una relación se trata siempre de la vulnerabilidad. En una relación somos frágiles, porque el otro nos condiciona, también porque su presencia no está asegurada. Amar a veces es triste, otras nos hace sufrir; pero la dependencia es otra cosa. La dependencia es una forma de tratar de evitar la vulnerabilidad, a través de distintos modos de asegurar la presencia del otro, de incidir sobre sus condiciones, de garantizar que no nos decepcione. En un vínculo dependiente, el deseo empieza a ceder ante una expectativa más urgente: que el otro esté. Por eso, en las relaciones tóxicas antes que fantasías eróticas, la fantasía que gana terreno es la de separación.

Este último punto es importante para desmitificar la serie de elementos que suelen enumerarse para describir las relaciones tóxicas: celos, posesividad, control, etc. ¿Cuál de estos componentes no está en cualquier relación? Salvo que pretendamos proponer un modelo de relación "normal" (y normativo), tan ideal como impracticable. Lo que a veces se llama "vínculo sano" se parece más a una relación desinteresada o al tipo de lazo que tiene un consumidor con un objeto de descarte o instrumento. Entonces, antes que hacer un catálogo de síntomas de la pareja tóxica, mejor pensar a esta última desde el tipo de síntoma en que se volvió la pareja misma, pensar por qué necesita ese vaivén constante que la deja al borde de su disolución permanente como forma de unión.

Volvamos ahora a la pregunta del comienzo. ¿Por qué se insiste en la pregunta acerca de cómo salir de una relación tóxica? Porque lo tóxico es esa misma salida; la pregunta es el síntoma mismo. Entonces, la pregunta debería reformularse y plantear que más bien se trata de ubicar la salida según cómo se entró.

Diferentes pueden ser los motivos que lleven a que una pareja devenga tóxica. En principio, quisiera ubicar tres: el más general de todos es la neurosis, que hace de la dependencia algo excitante, por ejemplo, cuando se pone a prueba el amor del otro, al punto de reclamar su incondicionalidad; otro motivo, que no se confunde con la neurosis, es el infantilismo generalizado de los vínculos, que reconduce la relación amorosa al vínculo temprano con una madre, de la que espera que sea omnipresente y abnegada; finalmente, una coyuntura circunstancial, pero no menos importante, el inicio de una nueva pareja sin la elaboración de un duelo precedente, es decir, como reparación omnipotente de un narcisismo herido.

Por cualquiera de estas vías es posible constituir un vínculo en el que la relación gire menos en torno al deseo que a la presencia del otro, al punto de que su ausencia sea sinónimo de que no está, se fue, nos abandonó. Lo contrario de la presencia no es la ausencia, sino la distancia. La ausencia en un vínculo es parte del modo de estar con el otro. Si no puedo vivir la ausencia del otro como parte de la relación, la vulnerabilidad se vuelve dependencia y el deseo se pierde en fuga. Es cierto que el deseo es una forma de tóxico también, que a veces pega mal (¡incluso tiene sus resacas!), pero al menos no genera adicción.

Sobre la dependencia inconsciente

A propósito de lo dicho en el apartado anterior sobre el infantilismo amoroso, ahora quisiera ampliar algunas consideraciones y pensar de manera más precisa los resabios de la relación temprana con la madre. Para avanzar por esta vía, tengo que hacer algunas observaciones sobre el método psicoanalítico.

El psicoanálisis es una práctica contraintuitiva. Para el sentido común, que más o menos compartimos, las cosas ocurren de acuerdo con una idea lineal de causalidad. Sin embargo, en la práctica de un análisis encontramos que esta linealidad se altera todo el tiempo. Por eso a veces el análisis parece algo místico, porque se opone a la idea (que, más que científica, es intuitiva y prejuiciosa) de que las cosas ocurren según un orden en el que primero pasa una cosa y luego otra.

Para aclarar este aspecto, primero tendríamos que situar un hábito que a veces se nota en el modo de intervenir en algunos psicólogos y que no tiene nada que ver con el análisis. Nos referimos a la atribución de una intencionalidad profunda. Por ejemplo, un paciente se olvida un paraguas en el consultorio y, después de unos minutos, viene a buscarlo. Así es que se le puede atribuir un deseo (digamos cualquier cosa: nos lo quiso dejar como excusa para volver, como señal de hostilidad, para espiar en ausencia, etc.). Nada más lejos del análisis. Esta especie de realismo del inconsciente también es una noción de sentido común, porque se lo escucha en la vida cotidiana, cuando hay quienes dicen: "Lo que seguramente en verdad quería…" o "No lo hice a propósito, pero quién te dice si a lo mejor inconscientemente…". Es el inconsciente devenido "adverbio" y, es cierto, por esta vía se termina en el misticismo; pero este no es el descubrimiento freudiano.

Ahora bien, ubiquemos otro modo de intervenir, uno que escuchamos en colegas a los que no dudaríamos en llamar "analistas". Supongamos que una pareja discute y, entonces, uno de ellos se va a la casa de sus padres. Desde el punto de vista de la causa lineal, la pelea es la causa de que, al quedarse sin lugar, uno de ellos vuelva a su habitación de la juventud. Un analista aquí interpretaría: se peleó con la pareja para volver a la casa de los padres. Ya no se trata de una intencionalidad profunda, sino de una inversión de la causa: el efecto toma su relevo; dicho de otro modo, se convierte en causa final. En el ejemplo que mencionamos, es por la relación endogámica con los padres que esta persona se peleó con los padres. ¿Por qué decimos que esta sería una interpretación analítica? ¿Por qué es verdad? No desde el punto de vista material, no desde el punto de vista de los hechos –eso es lo de menos–, sino porque el analista tomó el relato de la pelea como si fuera un sueño y ¿qué dice Freud en *La interpretación de los sueños*? Que uno de los modos más comunes de desfiguración de los pensamientos latentes es a través de la inversión de las relaciones causales. De esta manera, la interpretación nos parece analítica, ya que desanda el trabajo del inconsciente; es decir, no supone un inconsciente en alguna parte, que se expresaría a través de detalles sorprendentes, sino que reconoce un modo de trabajo psíquico. Esto hace que la interpretación del analista se oponga al misticismo; sin embargo, no deja de tener algo mágico.

Aquí hago una segunda aclaración: cuando digo "mágico" lo hago en el sentido en que Lévi-Strauss en su libro *El pensamiento salvaje* plantea que no se trata de oponer magia y ciencia, sino de pensarlas como dos modos de conocimiento. La magia implica un orden articulado, no es un esbozo, un comienzo de algo todavía no realizado, que haría la ciencia mejor, sino un estilo de pensamiento en torno al principio de causalidad, que "se distingue menos de la ciencia por la ignorancia o el desdén del determinismo, que por una exigencia de determinismo más imperiosa y más intransigente". En este punto es que cobra sentido una idea tan propia del psicoanálisis freudiano como es la de "sobredeterminación". Asimismo, junto con este orden excesivo se encuentra el uso de los signos antes que de conceptos. Así como Freud pensaba el sueño como un *rebus*, el analista escucha a partir de signos sensibles –para tomar otra expresión de Lévi-Strauss– que no busca decodificar, sino poner en relación. Pongamos otro ejemplo: una pareja se separa a partir de una infidelidad, luego de que uno de ellos dejó a la vista una pista que llevó al descubrimiento. ¿Qué podría interpretar un analista? ¿Que se separó porque se descubrió la presencia de un amante? Más bien se podría interpretar que el recurso a ese tercero fue para que el otro tomara la decisión de la separación. No es extraño que en los análisis escuchemos que esas relaciones con las que se sale de una pareja, no bien se da la separación, no prosperan. ¿Qué era esa "infidelidad"? ¿Un acto que debe ser juzgado moralmente? Mejor que sea en otro lugar que se juzgue y que en análisis se lo pueda ver como un signo, como el modo en que alguien se relaciona con el acto, para el caso, a través de desplazar en otro una decisión. En este sentido diremos que esa separación es un hecho psíquico sobredeterminado y no porque tenga una referencia en el pasado que lo explique –esta idea de inconsciente regresa a la noción lineal de la causa: el pasado produce el presente–, sino por su condición de signo.

Mientras escribo estas líneas, recuerdo una vieja anécdota del tratamiento de un querido amigo, que se analizaba con el maestro Germán García y al que le contaba en cierta ocasión que había tenido una dura pelea con su esposa. Habían discutido durante la mañana y después al mediodía, antes de que él saliese a trabajar. Por la tarde, compungido, decidió volver a llamarla; eran dos personas adultas, que se querían, con hijos, ¿cómo es que no podían hablar? Entonces marcó el teléfono y, cuando ella respondió, empezó a insultarlo y pelearon por tercera vez en el día. Nuestro amigo todavía cuenta entre risas que Germán le dijo: "¡Ah! ¡Te habías quedado con más ganas!

¡Insaciable!". Antes que interpretar una posición masoquista en la relación con su esposa, quizás el núcleo pulsional desde el que se sostenía esa relación, ¡un chiste! Así funciona el pensamiento salvaje de un analista, porque, de otro modo, ¿qué podría haber hecho? ¿Explicarle que la relación con la mujer se basa en una posición tan sumisa como hostil, que se hace pegar para obtener un tipo de superioridad moral sobre el otro? ¿Qué efecto podría tener esta explicación, además de ser una especie de "a ti te pasa esto por esto", que retoma la causa lineal que lleva a que el análisis pierda su magia? En principio, sería culpabilizante y, si del otro lado hay encima un masoquista, ¿qué mejor? Ahí está la posibilidad de un análisis infinito, en el que el paciente se irá a hacer maltratar por el analista tanto como por su esposa.

En este punto, para concluir este rodeo respecto de lo que dice un analista, quisiera decir algo sobre el chiste como modo de intervención del profesional. El chiste, junto con el sueño, es otra de las formaciones del inconsciente descubiertas por Freud, que –al igual que las canciones, que tanto me interesan– sirve a la hora de interpretar, porque justamente realiza el ejercicio de desandar el trabajo del inconsciente, pero con el funcionamiento del inconsciente mismo. En este punto es que Freud pensaba que el análisis implicaba una comunicación de inconsciente a inconsciente.

A propósito de este último aspecto, pasemos ahora a otra cuestión: la escucha de un analista. Porque a veces la intervención del analista está no solo en lo que dice, sino en lo que escucha, en una representación que se le impone. Esta es otra forma de la llamada comunicación de inconsciente a inconsciente, que no quiere decir que haya dos formas del inconsciente, o dos inconscientes en la situación (el del paciente y el del analista), sino que el inconsciente es la comunicación. Por ejemplo, otra mujer cuenta que desde que se mudó con su pareja, no paran de pelearse. Se mudaron a una casa más grande, y no entiende cómo se pelean si es que están mucho más cómodos; ahora incluso tienen una tercera habitación, un estudio para trabajar y ya no tienen que alternar entre el *living* y la habitación en que duermen. Entonces, el analista escucha que el "tres" de la tercera habitación tiene quizás otra resonancia y pregunta por la vida sexual de la pareja, que en este tiempo –cuenta la mujer– ha dejado de cuidarse. No es necesaria una interpretación específica para conocer el motivo de las peleas. Así es que cobra otra dimensión un tipo de queja particular de esta mujer, cuando tiene que esperar para el inicio de su sesión. En otro momento, el analista sospechó que se trataba de una aparición de los celos que la acosaban en la relación con su pareja; no es que esto no sea cierto, pero ahora se los puede orientar en otra dirección: ¿qué se pierde con la llegada de un tercero en una pareja? Porque si la pareja remite a ser dos, el pasaje al tres ¿no impone algo más importante que perder el amor del otro? Los celos se revelan como el envoltorio de una fantasía mucho más sutil: el abandono a que puede conducir la maternidad. Se reconstruye así una pieza de su pasado juvenil: el miedo al embarazo y una formulación sobre la que se le llamó la atención una vez: "Estar sola con un bebé", para marcarle la contradicción que hay entre "sola" y "con"; por lo tanto, ese "sola" remitió definitivamente a una versión de lo materno que no hace lazo con otro.

Asumirse como madre es aprender a estar sola, de un modo en que puede haber otros (y otras), pero si en la pareja erótica hay dos, a nivel de las funciones parentales el lazo se define por la relación con los hijos y no entre sí (por eso no es raro escuchar a muchas mujeres decir de sus parejas que son "excelentes padres", pero entre ellos no pasa nada hace rato, y, para una mujer, es incestuoso amar al padre; entonces, muchas veces, conviven el amor al padre de los hijos y la pareja como totalmente deserotizada). La maternidad es el acto solitario por excelencia, por eso da tanto temor. Mientras que la paternidad crea una filiación y una genealogía, incluso si el padre llega a estar ausente, la maternidad es la soledad absoluta, porque una madre también se prepara para ser dejada por los hijos.

Esta última referencia a un caso, entonces, tiene la posibilidad de ampliar lo antes dicho sobre la interpretación, para llevarlo hacia el campo de esa otra noción capital del psicoanálisis que es la transferencia, que se adivina (y a veces se construye) a partir del inconsciente. En última instancia, la transferencia es otra escena desde la cual un analista escucha a su paciente; es el trasfondo sobre el cual resuenan en eco sus palabras, que le dan un valor determinado. Para la mujer mencionada, quedarse en el nivel de una mera cuestión organizativa de espacios domésticos hubiera sido ridículo; no era de eso que hablaba, por más que hablase de eso, aunque tampoco hubiera tenido que reconducir lo que decía hacia la dimensión erótica de la pareja, porque a partir de la transferencia se pudo colegir otro aspecto, más específico, relacionado con un temor que en ese momento se empezaba a abrir paso. Como suele ocurrir, muchas veces antes de poder nombrar sus temores, hay quienes los viven y los actúan en escenas que no pueden reconocer, a las que por suerte pueden volver con el análisis y, en ciertas ocasiones, el analista dirá algo, o, mucho mejor, en otras se quedará callado. No es preciso saber lo que se vive, es más importante vivirlo y, si el analista habla, que sea cuando la capacidad de vivir está de algún modo obstaculizada.

No por nada hablé antes de la maternidad. Todavía en nuestra sociedad se trata de un acto revolucionario. Y el temor a la maternidad es propio de muchas mujeres, más allá de la edad. Es cierto que muchas mujeres tienen hijos, pero eso no asegura el pasaje a lo materno. Asimismo, en este tiempo hay muchas mujeres preocupadas por tener un hijo que, cuando se encuentran con lo materno, entran en crisis. Y no se trata de que la maternidad sea un castigo en nuestra sociedad, de que se la viva únicamente de manera sacrificial por efecto de la cultura patriarcal (¡pensamiento de la causa lineal!). Esto existe y es cierto, pero apuntamos a otra cuestión. Más bien, a la soledad del acto que implica la maternidad. No son pocas las mujeres que cuentan que sufren por estar solas. Que buscan una pareja a cualquier costo, que al poco tiempo de conocer a alguien piensan si acaso no será un potencial candidato para una relación. Esto no se debe solamente a un mandato social, sino también a la dificultad para ellas de llegar a esa capacidad de estar solas que se da con el pasaje por lo materno (con o sin hijos).

Contaré a continuación tres situaciones de mujeres en análisis, para luego extraer una serie de conclusiones. Por un lado, una mujer que hace tiempo atraviesa vínculos con un severo desencanto, con "tipos que no se enganchan", cuenta un sueño en el que abraza a su analista. Podría pensarse que se trata de un enamoramiento transferencial, pero se trata de un abrazo tierno, que en las asociaciones le recuerda que la búsqueda desesperada de estar con alguien comenzó después de la muerte de su padre. ¿Se trata de que quiera reemplazar al padre? De regreso al principio, eso sería establecer una voluntad más o menos inconsciente. Mejor escuchar la escena siguiente, en la que cuenta que vivir con la madre se le hizo muy pesado, por su tristeza y desconsuelo. Ahí vino, entonces, una suerte de interpretación: una pareja es lo que permite dejar a la madre. Aunque ya no viva con ella, este axioma todavía conservaba su eficacia.

Pasemos al segundo caso, el de una mujer que relata que su exmarido es un padre muy severo con los hijos, que a ella no le gusta. Dice que "idealmente" las cosas serían mejor de otro modo. Ahora bien, ¿por qué juzga al padre desde un ideal? ¿No muestra de este modo su incapacidad para hablar con el hombre real? ¿Por qué esa versión del padre construida desde el ideal? Así descubre que eso fue lo que motivó la separación, la distancia en que quedó situada respecto de ese hombre, al que hostigó para que fuese el ideal al que tender y no simplemente otro. Para ella, estar "con otro", era estar sola, que la dejasen sola… como madre.

Por último, una tercera coordenada, la de una mujer que está en pareja con un hombre al que cela en diferentes ocasiones. Sus celos podrían haberse interpretado nuevamente –como suele ocurrir en psicoanálisis– en relación al tercero como necesidad del deseo, pero eso hubiera sido descuidar la escena transferencial, en la que se abrió paso otra circunstancia: cada vez que su pareja no está, ella tiene una infección urinaria. ¡Así el síntoma viene a hacerle compañía! Con los celos, entonces, ¿no se iba a otro lugar, no podía irse a otro mundo en el que fantasear parejas y ocultamientos?

A partir de estas indicaciones, creo necesario destacar que hoy en día suele ser común prestar excesiva atención a las escenas amorosas de las mujeres, como si fueran asuntos de parejas, sin ubicar su raíz inconsciente, los múltiples propósitos que puede encarnar el sufrir por amor. Así es que a veces se destaca en demasía una razón verdadera, la de las explicaciones sociales y culturales, pero se descuida uno de los temores básicos de la mujer: el tránsito a la maternidad que, con o sin hijos, invoca el modo en que se tramita la soledad. En efecto, hay mujeres que tienen hijos para no estar solas. Son todo lo contrario de una madre.

Para acceder a esa dimensión intrínseca de lo femenino, es preciso un método que atienda a una idea de causalidad diferente. Así es que el psicoanálisis no es otra teoría más de por qué sufrimos en el amor. Es también un método y, como tal, accede a una zona de nuestras vivencias que reformula nuestros propósitos y nuestras intenciones, es más, que los deja fuera de juego desde el punto de vista consciente. Para eso es que en la primera parte de este texto nos detuvimos en una pormenorización más o menos fiel de cómo funciona el método analítico, para luego, en la segunda parte, mostrarlo en acto a partir de algunas pequeñas viñetas clínicas.

Para concluir este apartado, diré que madre y padre en psicoanálisis no son las personas a las que cada quien se refiere cuando habla de sus progenitores, sino diferentes estratos en la vida psíquica a la que se accede con el método analítico. Al padre siempre lo encontraremos en el síntoma, en la versión sintomática que cada persona se arma de por qué sufre (a veces decir "Es la sociedad" no es muy diferente a decir "Es culpa de papá"); mientras que madre y causa van de la mano. Una causa que va a contrapelo de la culpa y que le da a nuestros actos una dimensión diferente. Y a nosotros la oportunidad de saber qué poco sabíamos de nosotros mismos.

Cómo dejar de ser niño

David (23 años): *Vengo repensando "abandonar el nido". Es algo que acarreo hace dos años aproximadamente. En la suerte de reflexiones sobre esto, los puntos que más me encasillan son: por una parte el temor a lo que puede venir, dado que intentaría una total independencia en otro lugar, lejos de mi casa. No puedo evitar pensar en que saldrá todo mal (tampoco tengo grandes expectativas, tengo una idea de lo que conlleva arreglárselas solo), en este sentido también juega el orgullo. Por otra parte, el afrontar a mi madre con este tema, de una manera seria. Su reacción, que tiende a un melodrama –el cual me dispongo a entender y creo que no lo hago mal–, ya que su hijo más joven se va. En este punto, en algún modo siento como un susto ante su reacción, ya que no me gusta hacer tanto lío por un hecho inevitable. Bueno, a riesgo de ser ignorado, me la jugué, ja ja ja.*

Al igual que en otras oportunidades, vamos a empezar por situar lo que es capital en el inicio de cualquier consulta: situar la posición que alguien tiene respecto de lo que le pasa. Esto es muy importante, porque en psicoanálisis no se trata tanto (o no solo) de lo que a alguien le pasa, sino también de la actitud que toma frente a su sufrimiento. A esto es a lo que llamamos "síntoma" y, por cierto, coincide con un rasgo personal antes que con un hecho u otro.

En el caso de David, es interesante que él diga "vengo repensando", porque no dice "Estuve pensando", ni siquiera dice "pensé", sino que nombra un proceso continuo, que encima "acarrea". Este término me recuerda el que tuvimos en cuenta en un caso anterior, el de Tomás, que decía que "arrastraba" su problema. Me animaría a decir que este modo de sufrir es más propio de los varones: "arrastrar", "acarrear", estos términos apuntan a ser la metáfora de una forma de padecer el pensamiento. En la consulta de David esto se complementa con que luego diga "suerte de reflexiones" y, la verdad, si leemos todo el mensaje ("no puedo evitar pensar", dice luego, es decir, el pensamiento se le impone), no caben demasiadas dudas de que David tiende a la obsesión. Veamos si es que le podemos dar una mano a nuestro joven rumiante.

Por un lado, en el centro de las cavilaciones de David tenemos un miedo, que cabría llamar "proyectivo": en el temor a lo que va a ocurrir, a que todo saldrá mal, se trata más bien de las condiciones que él le impone a su acto, es decir, una "total independencia" que es la traducción heroica de pensar que tiene que irse para no volver; por cierto, eso es lo que llama "orgullo". Sin embargo, David, ¿por qué te impones un acto imposible? Tu miedo al futuro tiene su fuente en un conflicto interno, relativo a la manera en que piensas que tienes que actuar. Lo digo de otro modo: ¿por qué irte a vivir solo es algo que se te impone épicamente? Esta es una pregunta muy seria, porque nos lleva a lo segundo que mencionas.

Me refiero a que David habla de irse "lejos". ¿Qué será lo que expresa a través de la distancia espacial? Presiento que aquí nos habla de la cualidad del tipo de conflicto que tiene que atravesar. Diría que si incluso piensa en irse a otra ciudad o provincia o país y considera que eso es irse "lejos", es porque está muy bien agarrado al "aquí". De esta manera, podríamos decir que la fantasía heroica de David es un recurso para enfrentar el conflicto con su mamá, a quien "debe" dejar.

David nos dice que ella se toma las cosas melodramáticamente, y yo te preguntaría, David, ¿del lado de quién está el heroísmo y la épica? Cuando, además, él nos cuenta que es el hijo más joven, ¿no es claro que también nos dice que es un hijo preferido y, por lo tanto, su acto de independencia supone, también, un daño a la madre? Por suerte, también nos dice que "no me gusta hacer tanto lío": ¿quién habla ahí? Claramente, en ese giro David asume la palabra de la madre, habla como la madre, lo que demuestra que está bastante identificado con ella. Lo digo de otra manera: David piensa que tiene que separarse de la madre real, cuando en realidad tiene que hacerlo de la que lleva consigo mismo. El riesgo ¿cuál es? Que se vaya, como les ocurre a muchas personas, que se van a vivir al culo del mundo, pero se llevan los problemas en la valija.

Asimismo, leamos la frase completa: David dice "No me gusta hacer tanto lío por un hecho inevitable". Aquí puede verse a la perfección que la perspectiva trágica es un modo de reprimir aquello que lo une a su mamá. Es como si David dijera: "Es inevitable, mamá, entiéndelo, pero me tengo que ir", pero quien no suelta la mano materna es él. Es cierto que él me puede decir que la mamá "de verdad" se pone mal con este tema, pero yo le diría que él la hace actuar su fantasía porque le traslada su angustia. ¿Qué más es lo que puede hacer una madre?

Entonces, David, ahora que podemos tener una mejor idea de tus obsesiones, quiero decirte: 1, es posible dejar a mamá sin dañarla; en la proyección de tu temor al futuro se juega una venganza, porque piensas en irte lastimando (daño que justificas con una fantasía heroica); 2, dejar a mamá no significa "arreglárselas solo", porque si un día logras estar solo es porque tu mamá está contigo: la mamá (interior) de la que piensas que tienes que separarte, en realidad, eres como niño; 3, estas cosas que hablamos súper tontas, pero que son fundamentales, tómatelas muy en serio, porque te diría que son muchos los varones que hoy, por no haber hecho el trabajo mental de dejar a la mamá, creen que son unos listos y no hacen más que tratar mal en otras mujeres el retorno del fantasma de su madre.

Para concluir, tu frase final, que dio la clave para todo lo que dije antes: "A riesgo de ser ignorado, me la jugué", me dices. En esta frase se refleja tu miedo a jugártela de un modo que no sea como héroe; un héroe cree que tiene que hacer grandes cosas, pero lo cierto es que, cuando nos la jugamos, en realidad nos exponemos al rechazo, a perder, a la decepción. En esos momentos, cuando a mí todo se me derrumba, pienso en mamá. Te doy este consejo: que seas valiente, no un héroe (que es metáfora del orgullo), para aguantar los reveses, no solo, porque mamá va a estar siempre contigo.

Capítulo 9

¿NECESITAMOS ESTAR EN PAREJA? SOLEDAD, NARCISISMO Y CONFLICTIVIDAD

La pareja no es una solución. Casi ninguno de nuestros problemas fundamentales se resuelve con una pareja. Esto queremos decir en psicoanálisis cuando hablamos de la pareja como un síntoma, en la medida en que es siempre un problema.

Por ejemplo, si alguien busca una pareja para no sentirse solo, lo más probable es que arme una pareja en la que se sienta solo. El sentimiento de soledad simplemente se habrá desplazado. Quizás no lo sepa de manera consciente, pero esto se corrobora en los casos de personas que viven en una relación con la expectativa constante de que el otro haga algo que, además, no quieren. ¿No es lo que ocurre en aquellos vínculos demandantes en que se espera que el otro cambie o tenga ciertos gestos y, cuando los hace, quien lo exigía se desencanta?

Se trata de una escena más o menos común: alguien le pide a su pareja que lo reconozca socialmente, que se muestre seguro de la relación, que quiera tener un hijo, lo que sea, pero en análisis descubre que eso que pide no es más que un desplazamiento de lo que no puede terminar de querer, de lo que no sabe si quiere, o más directamente, de lo que sabe que no quiere; pero ¿no es maravilloso sentirse el centro de la vida del otro? Sí, aunque también es un castigo.

Cuando en el amor esperamos del otro medidas de aseguramiento, es porque estamos en la relación más para recibir que para dar; pero el amor rinde poco, siempre (nos) pide más. Porque la fuente de nuestro amor es la dependencia, no la libertad. Por ejemplo, el modelo más básico de la relación amorosa es el complejo de Edipo, que podría parafrasearse de este modo: amar a alguien (sustituto materno) es querer contarle todo, es querer hablar con el otro para que lo que decimos se vuelva una verdad. Así, el otro pasa a ocupar un lugar confirmatorio de nuestra palabra, pero pierde su condición erótica. Se vuelve necesaria y compulsiva su presencia, con el costo de que el deseo se enfríe. Esto es algo que se comprueba en los casos de quienes rápidamente, no bien empiezan a salir con alguien, evalúan si se trata de un potencial candidato para una relación, antes que demorarse en conocerse y encontrar un tiempo común; son relaciones que rápidamente se vuelven rituales, rutinarias y en las que, poco a poco, gana su lugar el reproche o lo que se hace a espaldas del otro. En definitiva, hay quienes están con alguien solamente para poder esconderles cosas, para estar en otra parte, para –una vez asegurada su presencia– huir. No solo del otro, sino también de sí mismos.

Esto mismo podría decirlo de otra manera. Uno de los descubrimientos básicos del psicoanálisis es la noción de pulsión, que sirve para explicar la sexualidad humana de una manera diferente al instinto. A diferencia de este último, la pulsión representa una exigencia constante, no tiene el tiempo de la satisfacción y el descanso; la pulsión empuja siempre y pide más y más. Por eso la pulsión es el nombre freudiano del amor. A veces se piensa que con este término Freud quiso representar una fuerza interior, indomeñable, pero desde un principio es muy claro el carácter vincular que tiene este concepto. Esto es algo que también subrayó Jacques Lacan cuando le atribuyó a la pulsión una formulación precisa: es el modo en que cada quien entra en conflicto respecto de una exigencia.

En la consulta actual es común escuchar a personas que se califican a sí mismas como autoexigentes, que también manifiestan que no pueden decir que no, que siempre hay algo que "tienen que" hacer. En resumidas cuentas, esto es lo que les ocurre a quienes sufren de la pulsión; no del conflicto que les representa un deseo, sino la forma que asume aquella cuando sirve a los fines de la acción, cuando responde a un imperativo que tiene un nombre preciso: superyó.

Por ejemplo, a una persona su jefe le pide que a partir del día siguiente entre una hora más tarde; entonces, esta persona queda afectada por ese tipo de demanda, no sabe cómo responder, no le puede decir que no y, por ejemplo, empieza a pensar que, si no lo hace, la van a echar. Mientras lo cuenta, dice que no hay otra opción, que es cumplir o ser echado, todo esto sin siquiera haberlo hablado con su jefe; más bien para no decir nada, para sufrir mudamente de esa fantasía (de expulsión, en la que se ve reducido a un objeto descartable). ¿Quiere decir esto que, si lo habla, le van a decir que está todo bien? No, tampoco seamos ingenuos; pero lo que le da un sesgo neurótico a su padecer –que aparentemente es realista– es que queda fijo en una única posibilidad. "Es imposible, no hay nada que hacer", agrega.

De este modo, la pulsión, fuerza que subyace a la llamada "exigencia", busca su refugio en la fantasía y esta produce su satisfacción específica: tal vez piense que un día ese jefe va a tener que vérselas con él (o ella), que va a trabajar para poder quitarle su puesto alguna vez, etc. En fin, todas formas que puede asumir una vida cuando se basa en fantasías neuróticas que, si se cumpliesen, dejarían a alguien en la más tonta y estúpida de las insatisfacciones. "Ahora me siento vacío" es lo que alguien dice cuando, acaso por azar, alguna de sus fantasías se realiza.

Así se puede vivir durante años una vida en la que no se haga otra cosa que escapar de uno mismo. Es que, en la fantasía, el deseo se achata, se vuelve rígido, busca siempre lo mismo: algún tipo de resarcimiento, tal vez una suerte de venganza, quizás el reconocimiento de la condición de víctima. Mientras tanto, se vive durante todo un período de la vida en el más completo sacrificio entregado al superyó: se hace lo que hay que hacer, se cumple con lo que hay que cumplir, como si no hubiera más opciones ni otra vida posible.

Este sufrimiento superyoico es el que también encontramos en el ejemplo típico del estudiante que padece los días previos al examen, que teme por esa exigencia que viene de afuera (con la forma de preguntas de parcial), a las que atribuye un carácter más que perentorio; y, una vez concluida la instancia, afirma su rotundo fracaso, que, cuando le entregan la calificación, queda desmentido por la nota máxima. Sin duda, hay que ser muy neurótico para esperar un cuatro (o menos) y recibir un diez. No solo hay que ser muy neurótico, sino también tener una disposición decidida a la infelicidad, que se podría considerar innata, si no existiese la noción de superyó.

Ahora bien, este rodeo por esta noción psicoanalítica tiene la función de expresar algo que también ocurre en la vida de las parejas. Por un lado, están quienes no pueden imaginarse un encuentro con otro desde el punto de vista del deseo sin caer en la rápida expectativa de hacer del otro una pareja. Por ejemplo, en la primera cita ya se preguntan si se volverán a ver, si el otro busca algo serio o no, etc.

La pareja es también uno de los mandatos superyoicos de nuestra sociedad. "Hay que" tener pareja; y si no, alrededor se escucha la pregunta: ¿y tú, para cuándo? La pareja es una demanda social a la que cada quien responde con la fantasía que puede, a veces con el costo de permanecer en vínculos dolorosos, solamente para estar con alguien. No son pocas las veces en que encontramos en la consulta a personas que no queda claro si no pueden amar en la relación en la que están, o si no pueden terminar de irse de una relación en la que ya dejaron de amar.

Un ejemplo de esto último, entre las condiciones superyoicas de una relación, son las parejas basadas en motivos narcisistas. No tiene que entenderse esta última noción como una variante del egoísmo o un cinismo consciente. Narcisista es quien necesita al otro para ser. En este nivel, el del narcisismo, la relación representa una necesidad, antes que un deseo. De ahí que en este tipo de vínculos suele ser común el boicot recíproco y el temor profundo a que el otro cambie sin vivir en eso un desmoronamiento. La pareja narcisista se funda en la incapacidad de alguien para encontrarse a sí mismo y es un tipo de variación de la relación edípica que mencionamos antes.

Si en esta, mucho más básica, el otro es un garante de la realidad, en la narcisista el otro es una garantía de lo que soy; entonces, cualquier deseo del otro es vivido como amenaza. Este tipo de parejas tienen un fundamento fusional, y alternan momentos de mucha furia y maltrato y reconciliaciones efusivas en que el pacto (narcisista) se reactualiza. Son relaciones que juegan entre el rechazo y la adoración:

1) el primero, que a veces se vuelca en una desvalorización completa del otro, que induce culpa e indignidad;
2) la segunda, que propone el amor de esa pareja como la única solución.

Las parejas narcisistas son una cárcel con la puerta abierta, pero de la que es muy difícil salir. Su arraigo superyoico se descubre en un axioma subterráneo de la relación: "Esto (la relación) tiene que ser".

Incluso después de escenas violentas y agresiones recíprocas, no es raro que estas personas justifiquen el vínculo con las más curiosas idealizaciones: tantos años juntos, los momentos vividos, el amor puro que solo ellos conocen. En el espectro de las parejas narcisistas tenemos un extremo que incluye crueldades menores (pero no menos crueles) destinadas a socavar la autoestima del otro; y el otro extremo, la utilización de mecanismos psicopáticos para preservar la relación. Es que este tipo de vínculos siempre tiene un basamento perverso y afín a la renegación del mundo, porque son amores encapsulados, diádicos, en los que dos personas componen un único universo antes que descentrarse cada uno con el del otro.

El carácter narcisista se aprecia en el sostén del mundo que puede configurar cada uno para el otro. Si el otro miró raro, no contestó un mensaje a tiempo, olvidó una fecha importante, si ya no dice "te quiero" con la frecuencia de antes –cualquier detalle puede hacer que el narcisismo se vea afectado–, ese día puede convertirse en "un día de mierda" y la realidad volverse gris. Por eso, si bien son parejas narcisistas, lo que se juega en esas relaciones es el carácter inasible del objeto de amor. De allí los diversos mecanismos que funcionan como instancias de control, porque intentan asegurar la propiedad de la realidad a través de las acciones del otro, poder sentir que se es un objeto amable desde la mirada (superyoica) que le atribuimos al otro.

Por otro lado, si las líneas precedentes hablan del superyó de pareja, también está lo que podríamos llamar "superyó como pareja", que se relaciona con la posibilidad para alguien de encarnar esta instancia exigente para el otro. Es lo que, por ejemplo, ocurre cuando después de cierto tiempo en una pareja no solo el enamoramiento cede, sino que el amor también se atempera y, entonces, los aspectos sintomáticos de cada uno pasan a un primer plano. Ahí es que es posible hacerle sufrir al otro la dimensión exigente del síntoma personal. Por ejemplo, en los casos de histeria es común una justificación de los celos que permite que alguien se autorice a acosar el deseo del otro y le pregunte más o menos agresivamente por qué hace lo que hace, con quién habla, etc.

La otra cara de esta posición histérica es la obsesión que confronta al otro con la rigidez de su modo de hacer las cosas: no solo quiere que el otro haga tal o cual cosa, sino que lo haga de esa única manera en que lo concibe bien hecho.

Si el "superyó de pareja" tiene su derivación directa en las uniones narcisistas, en el caso del "superyó como pareja" encontramos más bien uniones típicamente neuróticas, en las que el deseo tiene un protagonismo, pero también su defensa.

Si las primeras van de la mano con relaciones dependientes, o basadas en la dependencia y la vulnerabilidad emocional, las segundas llevan a otro tipo de conflictividad. Aquí la dificultad ya no se relaciona con la imposibilidad de separarse, sino con los modos de separarse, en la medida en que el deseo ya es una apuesta por la separación. Como muchas veces hemos dicho, en una pareja de deseo hay, por lo menos, tres: dos personas y el deseo como terceridad. El punto es poder vivir una separación sin dejar de estar en pareja, sin perder la pareja, sin que la separación se viva como abandono, quizás con la chance de reencontrarse. Una pareja resuelta es la que no sucumbe a la exigencia de la demanda y puede separarse sin dejar de estar juntos; la que se sostiene en el reencuentro permanente.

Cuando una pareja empieza a funcionar de acuerdo con la exigencia (superyoica) en este segundo sentido (cuando uno encarna el superyó para el otro), el problema ya no es una potencial separación, sino que la pareja funcione como depósito sintomático o, para decirlo de una manera más sencilla: usar la pareja para desplazar en el otro (cobrarle) la raíz superyoica del propio sufrimiento. Así es como alguien puede aliviar su exigencia, por ejemplo, tratando mal al otro, justificándose en un trato compulsivo que desvía una agresividad que, si no, recaería sobre uno. Por esta vía es que, por ejemplo, se puede castigar en otro algo que tiene que ver más bien con lo más íntimo del propio sufrir.

Si el superyó es una exigencia a la que no se le puede decir que no, a la que se responde con diversas fantasías (por ejemplo, de espionaje en los celos histéricos, en los que el celoso se convierte en una mirada; o de control constipado en la obsesión, cuando lo más rígido de alguien lleva a tratar al otro como una mierda), trasladar a la pareja la demanda pulsional puede ser un remedio exitoso para padecer un poco menos sobre uno mismo, para hacer del otro la culpa de todos los males, también para aniquilar el deseo en la relación.

En nuestra vida hay dos grandes fuentes de sufrimiento: por un lado, nuestros deseos, que suelen entrar en contradicción con otros deseos y nos imponen a veces la dificultad de satisfacer dos (o más) a la vez: un deseo implica pérdida (respecto de otros deseos). Este tipo de sufrimiento es el que Freud nombró con la célebre noción de "ello".

Sin embargo, también existe el superyó, que se relaciona con las demandas que vivimos como exigencias que podemos cumplir o ante las cuales nos sentimos culpables. El destino de esa forma del sufrimiento es que, para no sentir culpa, nos adaptamos rígidamente y a veces hasta convertimos estas adaptaciones en rasgos de carácter y estilos de nuestra personalidad (que nos hacen decir "soy así"). Este tipo de sufrimiento no supone algún tipo de pérdida, sino un uso silencioso y mortífero de la fantasía, que se confirma más allá de todo lazo con otro, que se expresa como realidad cuando se dice "Las cosas son así".

Cuando alguien vive de acuerdo con esta modalidad superyoica, puede ser que no necesite una pareja –que no la viva como algo obligatorio–, pero sí que proyecte en esta su propia frustración ante las adaptaciones a que se somete y que castigue en el otro la culpa que siente internamente.

Como dije al comienzo, la pareja no es una solución, es siempre un problema, que requiere que cada uno se piense a sí mismo, no solo para no pedirle al amor cosas que no puede dar, sino para no pedirle al otro que cargue con nuestra propia mochila.

El amor después de una separación

Sergio (42 años): *Leí tu libro sobre padres de hoy en día*, Más crianza, menos terapia, *por eso quería consultarte por quienes somos papás, con hijos de diferentes parejas y con ganas de volver a tener una familia. Es difícil el amor en este tiempo y siempre tengo miedo de que mis hijos no sean aceptados; una relación terminó por eso. Quisiera saber tu opinión y alguna orientación.*

La consulta de Sergio es muy importante y nos conduce a un tema muy actual: las parejas después de haber conformado una familia previa. En nuestra época es cada vez más común que, después de que una pareja tenga hijos, si llega a ocurrir una separación, surja una incógnita respecto del porvenir. Hasta hace unos años, si una pareja no podía continuar, era para que se armara otra. Con la legalización del divorcio, llegaron las que se llamaron "familias ensambladas", al estilo de esa vieja película *Los míos, los tuyos y los nuestros*.

Sin embargo, hoy en día es más frecuente que las separaciones se produzcan para adquirir el estatuto de "separados". Este nuevo estado va de la mano de un cambio que también se dio en nuestra sociedad: afortunadamente, cada vez más divorcios se dan hoy en buenos términos y quienes tienen hijos en común mantienen una buena relación de exparejas. Si tuviera que mencionar aquí otra película, diría que ya no es tan actual *La guerra de los Rose* (aunque todavía existan, sin duda, los divorcios bélicos y, por cierto, nadie se separa sin dolor). No obstante, si antes las separaciones eran para volver a casarse, hoy es más propia una nueva distribución del tiempo entre quienes, por un lado, tienen una vida apacible con los hijos ciertos días y, por otro lado, cuando no están con ellos tienen algunas citas, una pareja estable o incluso pareja.

El punto es qué lugar hay para la pareja en esta situación, porque para muchos esta nueva división entre la vida familiar y el amor es la mejor opción. Recuerdo a quien en cierta ocasión se presentó ante mí como "separado", hace una década, pero luego me contó que estaba en pareja hacía algunos años. Entonces pensé "¿Por qué se presenta a partir de su relación anterior si está en pareja con alguien?". Sea que se trate de un varón o de una mujer, a veces ese lugar de exclusión suele ser una fuente de malestar, no solo porque una parte de la vida del otro queda en las tinieblas, sino porque, cuando se conoce a los hijos, hay un punto en que la familia no se comparte.

Entonces, Sergio, me parece valiosa tu consulta, porque dices que quisieras volver a tener una familia. Seguramente ya tuviste una (o más de una) y piensas que en un nuevo vínculo puede darse esa oportunidad. Además, parece que planteas una situación distinta a la que describí en el párrafo anterior, y está muy bien, ya que asimismo se da el caso de quienes quieren estar con alguien y vivir por fuera de sus lazos de familia. Creo que, en cualquier circunstancia, lo significativo es que se trate de una situación asumida y consentida por ambas partes; los problemas surgen cuando uno de los dos quiere que las cosas sean de un modo (por ejemplo, estar en pareja y no compartir familia) y el otro está a la espera de ser incluido y viceversa (estar en pareja y querer compartir familia, pero que el otro no quiera).

¿Qué demuestra todo esto? Una conclusión de madurez: que muchas veces el amor no alcanza, que no es suficiente y que, en una pareja, dos personas pueden quererse, pero eso no quiere decir que estén dispuestos a dar un paso más. No es algo reprochable. Pero es importante que cada uno sea claro con el otro en la relación y no genere expectativas que no va a cumplir, como tampoco que pida que el otro se quede con resignaciones. Como bien dices, Sergio, "es difícil el amor" en la vida adulta, sobre todo porque después de cierta edad al anhelo de una pareja se suma la cuestión de lo parental. Dicho de otro modo, amor y familia pueden ir por carriles distintos hoy en día. No es algo bueno ni malo, es parte de la cultura que nos toca vivir.

En este punto, creo que una pregunta interesante es la siguiente: ¿qué implica pasar de una pareja a una familia? En principio, si seguimos con el caso de quienes ya tienen hijos de relaciones previas, este pasaje no solo tiene que ver con una cuestión numérica, sino también con la capacidad de amar el rol parental del otro y, eventualmente, aceptar que se deja de ser una prioridad. En realidad, esto no vale solamente para personas que ya tuvieron familias anteriores. Recuerdo el caso de un amigo que, cuando me contó la noticia del nacimiento de su primer hijo, me dijo: "Ahora voy a ser la segunda persona más importante para mi esposa". No quise contrariarlo y responderle: "En el mejor de los casos", porque algo de verdad había en lo que decía.

Asimismo, en el tránsito de la pareja a la familia, no necesariamente se trata de tener hijos. Hay familias de dos personas, cuyo amor permite que puedan incorporar a aquello que los une la dimensión parental, en la medida en que se pueden asumir los aspectos infantiles del otro sin por eso juzgarlos, despreciarlos, expulsarlos. En una pareja que se convirtió en familia, los roles de padre y madre también se dan, porque estos implican la chance de asumir una actitud de cuidado y protección recíproca. Si tuviera que hacer un diagnóstico de muchas parejas de nuestro tiempo, diría que están conformadas desde un punto de vista tan individualista que, cuando aparece lo infantil del otro, rápidamente se lo psicopatologiza; por ejemplo, si se trata de celos (cuya raíz inconsciente es siempre infantil), enseguida se habla del otro como si sufriera de celos "enfermizos", de los que tiene que curarse ("Ve a terapia!") para que no nos moleste. Si hay una frase que escuché reiteradamente en este tiempo es "Eso es asunto tuyo", como si lo que le pasa al otro conmigo no me implicase de manera alguna; como si no existiera la chance de que uno pudiera estar haciendo algo que refuerce los celos del otro.

Llegados a este punto, Sergio, creo que la cuestión no pasa tanto por que el otro no acepte a los hijos, sino por un aspecto propio de la pareja, que no llegó a consolidarse más allá del "amor de dos". Esta es una permanencia del amor romántico en nuestra época, que se continúa por vía individualista: nosotros dos y nadie más, pero solo como amantes, sin que se incorporen al vínculo las vulnerabilidades de cada uno; así es que cada quien tiene que ocuparse de desear y ser deseable, estar siempre bien para el otro, pero con un esfuerzo enorme, cuyo reverso es el miedo a la separación. Con el riesgo de señalar algo que quizás no valga para tu caso, pero sí para el de otros, diría que no echemos la culpa a los niños, porque el problema estuvo en el tipo de pareja.

Ya no vivimos en una época de padrastros y madrastras. De nadie se espera que sea el padre o la madre que un niño ya tiene. En el marco actual de parejas que se forman después de una separación, el desafío está en amar en el otro algo más que aquello que nos enamoró; no me refiero solo a los hijos, si los hay, sino a la fragilidad del otro.

Capítulo 10

MUJERES QUE YA NO ESPERAN

El psicoanálisis es una conversación. El inconsciente no es una estructura profunda, escondida, sino que se manifiesta en los más simples actos de habla. Es lo que ocurre con el chiste, que permite reconocer un cambio de vía en el sentido y así produce una creación inédita. Así surge lo inesperado, que es aquello que llamamos "sujeto".

Por ejemplo, pensemos en un chiste clásico: un nieto le dice a su abuelo "Me aburro" y este le responde: "No sea burro, entonces, m'hijo". La respuesta rápida, que se apoya en un desplazamiento –que convierte "aburrirse", a partir de su conjunción con el pronombre reflexivo ("me") en un "convertirse en burro", indicado porque en la palabra inicial se lea también la segunda– cobra el sentido de un chiste, también porque transforma lo que parece un acontecimiento pasivo (el aburrimiento) en una actividad cómplice: se aburre el que quiere, es decir, quien se aburre puede dejar de hacerlo fácilmente si reconoce su implicación en aquello que lo afecta, en lugar de dirigírselo a otro. Así es que el abuelo le responde a su nieto como podría haberlo hecho un analista, con una interpretación. Si quien habla se muestra aquejado por algo que le pasa y que presenta como un estado de cosas, la interpretación introduce un conflicto con un acto y esto es lo que, entonces, en psicoanálisis, llamamos "sujeto".

Tomemos ahora un ejemplo de una situación de análisis. Una mujer dice, luego de un viaje que la lleva a otra ciudad, que "Yo ya había llegado de vuelta a X".

Cuando un analista escucha, no puede dejar de pensar por qué alguien habla de cierta manera, por qué dice las cosas de esa forma y no de otra. Si, como decía Freud, el aparato psíquico tiende a la economía de recursos, ¿por qué se utilizaría una construcción sintáctica tan compleja, si no hay algo más para decir? Por ejemplo, ella podría haber dicho: "Yo había vuelto a X" o, más simplemente, "Volví a X"; pero ¿no llama la atención que al "yo" le siga un redoblamiento temporal con la conjunción de un adverbio ("ya"), que indica una forma de inmediatez, si no de prisa? Ahí se presiente que no solo quiere decir algo, hablar de cierta situación, sino nombrar un acto, que se reconoce en la parte que sigue de la frase: "había llegado de vuelta", ¿qué quiere decir esto? Porque "de vuelta" puede implicar algo que se repite ("de nuevo"), pero también una "devolución", aunque también esta última palabra puede cobrar el sentido de un vómito (como cuando se dice que alguien "devolvió").

Entonces, ¿qué la había traído de-vuelta a X? O, mejor dicho, ¿qué acto la confrontó con ese vómito figurado que cobra así el estatuto de un síntoma histérico? En ese punto es que, una vez subrayado el desplazamiento, tal como lo haría una interpretación, puede surgir la asociación que recuerde que en ese viaje, que en un primer momento se presentó como familiar, surgió el encuentro sorpresivo con un novio de la juventud, ahora un hombre casado, con el que esta mujer tuvo una relación sexual furtiva antes de regresar a X. De este modo, de acuerdo con la injerencia de ese chiste que es el inconsciente, el síntoma del vómito encontró la fantasía que expresaba a partir del temor a un embarazo no deseado; aunque también podría decirse que el temor es el signo de un deseo; en fin, ¡ese conflicto es el sujeto!

Valga todo este rodeo inicial para situar que lo que importa en un análisis no es lo que una persona dice que quiere, sino ese acto íntimo y a veces desconocido, al que se llega por la vía del inconsciente y que, entonces, tropieza con un deseo que es más o menos conflictivo. Esta indicación es muy importante en este tiempo, cuando la cuestión de la pareja se volvió un asunto fundamental en la consulta de muchos de nuestros pacientes.

Los analistas escuchamos, pero no ocupamos el lugar de consejeros amorosos. Es cierto que podemos ubicar ciertas coordenadas de la época, que anticipemos ciertas respuestas típicas en función del momento histórico que nos atraviesa. Por ejemplo, no es raro que una mujer decepcionada por un encuentro que no prosperó nos diga: "Hoy los tipos están hechos unos idiotas" y nadie podría desconocer que hoy en día valores más o menos tradicionales de la masculinidad (como la vergüenza respecto de hacer sufrir a una mujer) están en crisis. Sin embargo, el análisis intenta dar un paso más y busca el punto en que esa verdad general se realiza de manera personal en algún conflicto que resulta inevitable.

Ahora bien, también ocurre que en cierta medida los conflictos tengan un carácter general, a pesar de que el modo en que lo encarnen las distintas personas sea singular. Por ejemplo, en el caso que mencionamos antes, se trata de una mujer que fue capaz de amar en silencio durante mucho tiempo a un hombre que se casó con otra y al que no dejó de esperar. Dicho de otra manera, su síntoma es expresión de un modo particular de vivir el amor. Se trata de una mujer que espera, cuyo deseo se realiza a través del acto de esperar. Esto es lo que descubre en el análisis, su sumisión a ese acto específico que, lo quiera o no, se le impone. Ella no puede amar a un hombre sin esperarlo, incluso podría decirse que esta condición es tan fija en su vida que alcanza con que un hombre la haga esperar para que ella comience a amarlo. En este punto, alguien podría decir que el hombre es malo porque la hace esperar. Seguramente es así, pero lo cierto es que en un análisis lo importante es otra cosa, más bien situar cómo la espera puede volverse un tipo particular de condición erótica.

La "mujer que espera" es un conflicto bastante común en nuestra cultura. Se le puede reconocer en diferentes canciones, como "Penélope" de Joan Manuel Serrat, o "El muelle de San Blas" de Maná. No es extraño que estas dos canciones cuenten la historia de mujeres que enloquecen. Sin duda, puede haber algo enloquecedor en la espera para una mujer. Lo tortuoso de este deseo es lo que eventualmente motiva su represión. De la misma manera hay distintas apropiaciones de esta situación, ya que, por ejemplo, puede ser que la pasividad de la espera se tramite con un desplazamiento: hay quienes –sin que lo sepan– dejan ver la expectativa que un encuentro les produce a partir de llegar tarde (¡si lo sabremos los psicoanalistas!). En fin, un deseo se puede reprimir, tanto como se lo puede transformar en su contrario. También se lo puede sublimar y no padecerlo de manera irremediable, como cuando la espera puede ser algo activo, un modo de estar en el deseo y no vivirlo como algo que nos hace otro.

En este punto, es interesante notar que la espera es un complemento directo de la seducción. En este acto siempre se trata de algún tipo de espera. Quien seduce hace de sus actos signos de una anticipación. Estar en el lugar de seducido es así quedar atento a las diferentes manifestaciones del otro.

En la escena típica de seducción heterosexual, el varón seduce y la mujer espera, con la promesa de un intercambio posterior: el seductor tendrá que esperar; de seducida ella pasará al lugar de poder que le atribuye la chance de un acto al que no se llega sin consentimiento. Que hayamos pasado a tematizar tanto la cuestión del consentimiento no es solo por el gravísimo telón de fondo de las violaciones y otros tipos de abusos, sino porque el desprendimiento básico respecto del consentir en la mujer se juega en una transgresión al modelo tradicional de la seducción: al varón le alcanza con seducir y, luego, desconoce la segunda parte de la escena. En el momento en que el seductor tiene que entregar el mando, huye. Ahora bien, no es lo mismo aquí decir que en este momento los varones son así o asá que situar el modo en que la mujer puede responder a la espera. Este puede ser el lugar de un síntoma, también la vía para plantear ciertas reivindicaciones, incluso una decisión.

Por otro lado, es notable que de un tiempo a esta parte la espera parece haber sido desplazada en el imaginario popular. Como simple demostración grotesca de una actitud recalcitrante y machista, cabe recordar la letra de Maluma que dice:

Estoy enamorado de cuatro babies
Siempre me dan lo que quiero
Chingan cuando yo les digo
Ninguna me pone pero
Dos son casadas
Hay una soltera
La otra medio psycho
y si no la llamo se desespera.

Resulta por lo menos agresivo el modo en que una mujer que no puede esperar es llamada "psycho". Es directamente decirle "loca" y no se nos viene a la cabeza otra canción que haya planteado algo así.

En otro momento existía la figura de la "mujer fatal", la que enloquecía al varón, la que era capaz de sacudir las más diversas certezas y llevar a la pérdida de control; a la pérdida y, por lo tanto, la muerte (típica fantasía masculina). Como dije antes, también conocíamos a la mujer capaz de enloquecer de tanto esperar, pero lo chocante de esta letra de Maluma es que directamente se nombra como "loca" a una mujer, con una objetividad inapelable, con el complemento de que es preciso entregarle migajas para que no haga escándalos.

En el contexto actual, muchas mujeres se cansaron de esperar, o al menos eso es lo que dicen; pero no es lo mismo decirlo, por ejemplo, en redes sociales o en grupos con otras personas, que dejar de hacerlo. Tampoco es lo mismo lo que se dice de acuerdo con los ideales de una época, que lo que se cuenta en el consultorio de un analista. Hoy en día, muchas mujeres se cansaron de esperar, sí, pero, ¿dejaron de hacerlo? Es cierto que algunas lograron reformular sus expectativas con respecto a una pareja o, dicho de otra forma, pueden salir con alguien durante un tiempo, más o menos prolongado, sin la fantasía de ser "elegidas" en algún momento; por esta vía pareciera que muchas ganaron una gran libertad.

Sin embargo, hay mujeres para las cuales esperar hoy en día tiene un sentido que está "mal visto" y, por lo tanto, si no pueden dejar de hacerlo desde el punto de vista inconsciente, cuando algo de esta espera se confirma, se sienten de lo peor. Ocurre que la espera perdió sentido erótico; entonces, por un lado, ser vista como una mujer que espera es algo degradado, y por otro, se juega una fantasía más compleja que la de ser elegida: la de ser usada.

Conocer a alguien es un proceso que toma tiempo; hoy en día, en épocas de redes sociales, es extraño que alguien empiece a salir con otra persona y no hable con más nadie; en el mercado del sexo, todos valemos por el deseo que despertamos, y circulamos como bienes de consumo erótico, antes de que el erotismo se fije en un vínculo específico. Así que para muchas personas surgen temores del estilo "¿Cómo sé que después de verme a mí no se ve con otra persona?".

En realidad, es muy posible que así sea. También es un problema que esta suposición lleve a la construcción de una fantasía de maldad, porque sería como decir "ese otro que me hace esperar es malo porque hace lo mismo que yo hago o haría". Hay conductas actuales sobre las cuales nadie puede tirar la primera piedra y que muestran que estamos a mitad de camino de un cambio profundo: hoy ya no hay Penélopes ni locas del muelle de San Blas que no se bajen también Tinder u otra aplicación. El punto es cómo realizar el tránsito de este tiempo –prolongado– en que se conoce a alguien, sin invadirlo con las fantasías de ser un objeto de descarte o que pidan demostraciones anticipadas, porque así se termina boicoteando lo que podría ser o pudo haber sido.

Hoy en día a las mujeres no les gusta esperar. Muchas no lo hacen. Otras dicen que no lo hacen, pero no pueden dejar de hacerlo y así es que callan, o se pueden enojar con ese modo de vivir un deseo. Esperar ya no es, en nuestro tiempo, un modo de asegurar un lazo erótico, y a veces se vive en el temor de no saber si del otro lado hay alguien. Sin embargo, Ulises tardó unos buenos años en regresar y al muelle de San Blas hubo quien no volvió nunca.

La pregunta, entonces, debería ser cómo reconciliarnos con la espera para devolverle una potencia deseante, sin que sea el signo de algo que el otro me hace; más bien, con estilo cartesiano: espero, luego deseo.

Es posible que esa espera tenga un sentido social desvalorizado, pero desde cuándo no va a guiar sus actos por la envidia de los demás. En esta sociedad se desprecia la espera porque se odia el deseo. No es cierto que vivimos en una sociedad más deseante; la nuestra es una sociedad de parafrénicos excitados. El deseo es otra cosa, es un acto íntimo, sobre el que no debemos dejar que pese ningún juicio ajeno, para que su potencia no se agote ni entorpezca.

El psicoanálisis es una práctica para que cada quien reconozca el modo singular en que desea, para que pueda obtener una pista de cómo se le impone ese acto y, sobre todo, para que no lo juzgue ni deje que sea juzgado por otros.

En nuestra época, la espera perdió su dignidad, pero no por eso debemos perder la espera. La cuestión es cómo librarla de los fantasmas que nos pueden hacer creer en la desvalorización de su deseo, para que este sea un deseo en sentido pleno, es decir, uno que no se asegure en su realización, en que se cumpla o no, sino en el placer de ser deseante.

La espera es paradójica: quien espera, si puede sentir placer al hacerlo, tarde o temprano –como ocurre con todo placer– le pierde el gusto; si en ese momento el deseo se cumple, bienvenido. Si quien espera no tolera hacerlo, si rechaza su espera, si se enoja con eso que tiene que vivir, si no quiere hacerlo cuando aquella se le impone, entonces se quedará esperando mucho más, quizás para siempre.

La soledad femenina

Cata (25 años): *No sé si separarme. Necesito algunos* tips *para saber si sigo en una relación. Estoy en pareja hace cuatro años; es un tipo muy atractivo, nos fuimos a vivir juntos y él me ayudó mucho para que yo terminara de estudiar, pero no sé si es amor lo que siento por él. Tampoco sé si podría separarme, porque todavía no me dan los números. A veces me siento una cabrona, porque hablo con otros y antes eso no me pasaba. No sé si soy clara. Estoy confundida y me estalla la cabeza.*

Esta vez elegí el mensaje de Cata porque permite ver que a veces uno dice más de lo que cree que dice, incluso cuando escribe. Esta es una premisa central de análisis, que se pueda escuchar –incluso en un texto– algo más que lo explícito. Además, confío en que vamos a poder decirle algo a Cata, como respuesta a lo que sin duda es un síntoma: esa cabeza que "estalla" y la hace sentir confundida.

¿Qué es un síntoma? Es un dolor, pero no cualquier dolor. Es uno que aparece para resolver un conflicto; tampoco cualquier conflicto, sino uno que nos implica de manera íntima, al que solo nosotros podríamos responder. En el caso de Cata, me parece notable que su síntoma surge después de decir que se siente una cabrona. Por ejemplo, no es raro que un síntoma sea una forma de autocastigo por una situación que no podemos resolver si pensamos que la única manera de hacerlo sería dañando a alguien.

Asimismo, cuando Cata dice "Estoy confundida" da la impresión de que declararse de ese modo es una manera de cancelar todo lo dicho anteriormente, porque su mensaje no es para nada confuso. Más bien, es "claro" lo que dice, solo que su confusión habla más de la percepción que ella tiene de lo que dice, antes que de lo que dice. Esta distinción, entre lo que alguien dice y la posición que alguien tiene respecto de sus palabras, entre lo dicho y su manera de decir, es lo que en psicoanálisis llamamos "sujeto". Entonces vamos a leerlo despacito nuevamente y a ubicar algunos elementos.

En primer lugar, ella nos dice que no sabe algo y así se autoriza a escribirnos, para que nosotros le digamos qué hacer. Sin embargo, ¿vamos a poder darle el saber que no tiene? Más bien la vamos a ayudar a que ella piense por qué cree que no sabe, ya que es parte de su actitud confusa. Ella se confunde para no saber lo que sabe. No es que yo sé algo que ella no sabe; es que ella no sabe que sabe y eso se advierte en la frase siguiente, que es algo ambigua –"Necesito algunos *tips* para saber si sigo en una relación"–, ya que no pregunta "si seguir"; es decir: que lo diga en presente es llamativo, dado que podría sugerir que ya está separada. Tal vez esto es lo que no sabe.

En este punto, es inevitable que un psicoanalista escuche un pequeño deslizamiento cuando Cata dice que necesita *tips* y a continuación llama a su pareja como un "tipo", sobre todo porque luego ese desplazamiento se explicita cuando Cata nos dice que habla con otros. Por esta vía, se entiende que la culpa no es por un motivo moral, aunque ella lo presente en estos términos, sino por su deseo. Aquí cobra valor que diga que antes no le pasaba; entonces eso demuestra que no es una cuestión de ideales, sino de un impulso que ahora a ella se le impone. Tiene miedo de lo que puede hacer y, por eso, prefiere la culpa moral y el autocastigo, como un modo de evadirse del conflicto que, entonces, ya no es con su pareja, sino consigo misma.

En el mensaje se da por sentado que Cata terminó sus estudios: ¿será esa la nueva circunstancia que impone la aparición de un deseo nuevo? Me parece interesante que ella lleva al plano amoroso una modificación vital que se da en un plano más amplio, tal vez porque –según nos dice– su pareja se consolidó en términos cooperativos. Lo que sí es preciso es que, independientemente de la separación de un vínculo, Cata se separó de algo de sí misma. Creo que esta idea es la que se expresa en la única afirmación que se dice con certeza: "No me dan los números". Estoy seguro de que en esos "números" no se habla de cuestiones económicas. ¿Serán sus propios años y un cambio de relación, entre una pareja dedicada a crecer y, ahora, la pregunta por el amor? ¿Serán los años de una pareja y una forma tímida de preguntar por otro tipo de espera? Nadie más que Cata está en condiciones de responder a estas preguntas. Es claro que ella da por sentado que su pareja está, que el amor del otro es inamovible; a título estrictamente personal me surge una pregunta que hubiera querido hacerle a Cata: la conclusión de sus estudios, ¿llevó a que su pareja le hablara de la posibilidad de un hijo?

Si no es el caso, no importa, porque lo que quiero ubicar es que la culpa que Cata siente por su pareja supone previamente algún tipo de deuda. Muchas veces es un hijo lo que viene a ese lugar de deuda en una pareja, deuda que no es por algo material, sino por el amor recibido. Pensemos un escenario posible, que quizás no sea el de Cata, pero es común en otros casos: durante mucho tiempo una pareja se piensa en términos de un hijo a futuro y, llegado el momento, esa posibilidad se vuelve una chance real, pero uno de los dos descubre que no quiere. Este es un momento de mucha tristeza, pero que, con un trabajo de elaboración, permite descubrir que la culpa no es la única manera de tratar la deuda que se siente con otro.

Dejar de amar es una de las cosas que más culpa dan. Quizás por eso es que a veces creemos que no amamos antes. O que no amamos lo suficiente. Así también es que otras veces se prefiere que el otro nos deje. Hay quienes hacen de todo para que sea otro el que toma la decisión. Lo que quisiera decirle a Cata es que la culpa por el fin de un amor es a veces la manera de encubrir la aparición de un deseo que nos podría llevar a crecer. Si reconocemos nuestro deseo, puede ser que el otro se enoje, o puede ser que lo entienda. No podemos pensar por el otro; sí ser francos y desandar el camino de la culpa porque lleva a confundirnos a nosotros, pero también a los demás.

No puedo decirte si tienes que separarte, también pienso que hay ocasiones en que un deseo surge y tal vez la pareja puede reformularse. La idea de separación es a veces un tipo de defensa para reprimir ese deseo que nos transformó. Además, están aquellos que piensan en separarse para no hacerlo nunca. El deseo siempre nos separa, no hay deseo sin separación, pero primero que nada, de nosotros mismos.

Capítulo 11

¿QUIÉN CREE EN LA PAREJA?

Todos podríamos estar de acuerdo en que los abogados son personas que no creen demasiado en la justicia. El "delirio de justicia" es algo más propio de los neuróticos que, ante lo primero que los frustra, dicen: "¡Esto es injusto!" y, por ejemplo, van a ver a un abogado que tiene que calmarlos y decirles que el derecho no es para defenderse de la versión paranoica de otro malvado, que se hizo para justificar su dolor.

El delirio de justicia del neurótico es el modo en que este se defiende de lo que en verdad cree que es injusto: el dolor, que a veces es irremediable; pero no por eso se puede recurrir a una maniobra resentida. Sin embargo, ¿no es esto lo que saben también los abogados que, de manera eventual, responden: "Para eso no sirve la justicia" y, tal vez, aconsejan alguna venganza? Una persona una vez contó que, ante una situación determinada, conoció a un abogado que le sugirió llamar a otros "profesionales" que resolverían ese tipo de asuntos mucho más rápidamente.

Esta circunstancia permite recordar una frase de Jacques Lacan, cuando sugirió que en el Vaticano estaban los principales ateos. Esto no quiere decir, por supuesto, que allí no haya personas que crean en Dios; sino que no lo hacen de la misma manera que los demás. Un cura, por ejemplo, seguramente no cree en esa versión animista de un Padre barbudo que, sobre una nube, nos mira y nos reta. Esta es una concepción infantil, una proyección de la célula elemental de la neurosis que es la familia. Podría decirse que un religioso cree en Dios, pero sin la ideología de la religión; de la misma manera en que un abogado cree en el derecho, pero sin el delirio de justicia. De una posición a otra se pone en juego una modificación de la creencia, que deja de ser ingenua o irreflexiva y adquiere un estatuto más resuelto, porque es una creencia que permite actuar y no solo esperar que otro haga las cosas por nosotros.

Esto que ocurre con los abogados y los curas, también acontece en el psicoanálisis. Los psicoanalistas no suelen creer en el psicoanálisis. No en el sentido de la expectativa terapéutica que a veces se deposita en ellos, por ejemplo, cuando se lleva a un niño a la consulta con la idea de que el analista le diga algo que cambie su conducta y que haga que "se porte bien". Allí el analista sabe que seguramente el tratamiento del niño llevará a que los padres estén más incómodos; quizás estos concluyan el análisis, con la idea de que no sirvió para nada, en el momento en que el niño empezaba a apropiarse de su vida y de su palabra, para ponerlos en cuestión y ya no sufrir con el cuerpo de manera más o menos disruptiva.

Sin embargo, no es en este sentido que un analista no cree en el psicoanálisis. Es mejor que un ejemplo explique la situación: una colega cuenta que su hija tiene una relativa dificultad, pero desestima la consulta con un analista. Habló con su marido, que también se dedica a esta práctica y, de alguna forma, tienen una idea de qué puede pasarle a la niña. Considera, además, que hacer una consulta sería una suerte de pérdida de su autoridad parental; pero ¿qué justifica esta omnipotencia? ¿Podría pretender este poder para interpretar lo que le ocurre a su hija si no fuera analista? De este modo, antes que el lugar de madre, ocupa más el de único intérprete de su hija. Es cierto que estas dos posiciones son bastante parecidas: ¿tal vez sea ese el síntoma? ¿Qué podría decirle un analista? Quizás lo mismo que ya le dijo su marido y que ella no escucha demasiado; o quizás lo mismo que dice su marido y que es lo que ella piensa. Pero ¿no es ese el circuito del análisis, que el analista no diga una genialidad, sino una trivialidad cuyo valor depende de provenir de afuera? ¿Hay algo que castre más la omnipotencia?

He aquí uno de los síntomas de los practicantes de psicoanálisis de nuestro tiempo: no creen que otro pueda decirles algo, en el sentido de la transferencia con el análisis. Prefieren hacer cursos, posgrados, aprender el psicoanálisis como si se tratase de una profesión, supervisar cuando tienen urgencia, pero le perdieron el gusto a lo único que introduce en el psicoanálisis como discurso: la posición de analizante. Más que no creer en la versión naíf del psicoanálisis, se volvieron descreídos. Tienen una débil y frágil transferencia a los textos que hablan de psicoanálisis, pero casi ninguna al método de descubrimiento de la vida que es analizarse.

Es cierto que el psicoanalista no cree en el psicoanálisis, pero sí en sus efectos. De ahí que de un tiempo a esta parte los principales beneficiarios del psicoanálisis sean personas que no quieren practicarlo y, curiosamente, se trata de quienes, llegado cierto momento, lo piensan como un resultado. Es algo un poco disparatado que alguien quiera dedicarse al psicoanálisis, sin haber llegado a esta práctica después de haber querido hacer otras cosas.

Es que el psicoanálisis es una práctica basada en una conversión interior, en la que no se trata de tal o cual aspecto de la vida, sino de lo más íntimo, del modo singular en que alguien hace las cosas. Por ejemplo, una mujer consulta porque tiene dudas respecto de la continuidad de una pareja; durante las primeras entrevistas plantea los motivos que podrían hacerle dejar el vínculo, junto con aquellos por los que sería mejor quedarse, ¿qué haría un analista en esta situación? ¿Hacer un balance y empujarla a que decida la opción más conveniente?

Supongamos que en las sesiones que siguen habla del trabajo, del modo en que permanece en un empleo que no le resulta demasiado gratificante, pero que le representa la tranquilidad de lo conocido, por la cual incluso dejó pasar ciertas ofertas de otros lugares. Agreguemos algo más: quizás esta misma mujer nos hable de la relación con su hijo, de la ansiedad que le produce el crecimiento de este niño, al que trata como si fuera más pequeño de lo que en verdad es.

En este punto, después de unas semanas de entrevistas, por el efecto de hablar y encontrar quien la escuche, la mujer está más aliviada. La presencia de un interlocutor suele proporcionar un bienestar terapéutico, por ejemplo, para darle una dimensión precisa a los problemas que se acarrean, para quitarles urgencia y poder restituir la dimensión del tiempo en el horizonte. Así es que la mujer plantea que querría asistir a la consulta cada quince días, si el analista está acuerdo. ¿Qué puede decirle este? ¿Va a autorizarse este pedido? En principio, sería ridículo que lo objete y, para el caso, proponga la asistencia regular al tratamiento de frecuencia semanal como una condición. ¿De quién sería esta condición? Que se trata de una regularidad implementada por la agenda del analista se comprueba en que este uso y costumbre tiene una historia determinada, en la medida en que también hubo una época en que la frecuencia era diaria y, luego, dos o tres veces por semana, siempre que el paciente pudiera pagarlo. Con la popularización del análisis y la precarización de los trabajos, la sesión semanal parece más un acuerdo implícito para los tiempos que corren, que asegure una remuneración básica para el analista, antes que un criterio establecido por el tratamiento.

Entonces, ¿qué le va a responder el analista? ¿Se va a negar en función de su mayor comodidad económica? ¿Estará de acuerdo, a partir de considerar el efecto terapéutico? Si es analista, también puede pensar y hacerse esta pregunta: ¿por qué directamente no propuso dejar de venir? Si está mejor, podría despedirse de la consulta. Puede preguntar lo mismo a la mujer y quizás esta responda que prefiere conservar el espacio, por si lo necesita, por las dudas. De este modo, el analista también puede considerar que en ese momento comienza el análisis propiamente dicho, en la medida en que se pone en juego en la relación con el análisis aquello que a la mujer le pasaba con su marido, con el hijo, con el trabajo. Así es que, independientemente de todos los problemas que esta mujer tiene, ocurre que también padece un síntoma; su irresolución, el modo en que se aferra a aquello que no necesita, es un malestar que tiene una fuente psíquica. ¿Quiere decir que el analista dará por sentada la continuidad del tratamiento? No, tal vez puede decidir que la consulta termine en ese momento y retorne más adelante, si acaso ese síntoma se vuelve lo suficientemente invasivo como para obstaculizar la vida.

Sin embargo, a veces los síntomas objetan la capacidad de vivir. Tomemos otro caso, el de una mujer que fue madre recientemente y relata algunas ideas que pueden parecer de un carácter un poco exagerado, pero no llegan a ser extravagantes. Pone mucho recelo en la alimentación y en la higiene, necesidad excesiva de controlar que ambas cuestiones se cumplan de acuerdo con sus requisitos, principalmente en lo que hace al cuidado de su bebé. Podríamos explayarnos en otros detalles, pero preferimos acentuar un síntoma en particular, que brinda las coordenadas de la posición de esta mujer ante la incomodidad que implica el deseo.

Luego del parto, ella presentó dolores y otros malestares que le impidieron tener relaciones con su marido, a pesar de quererlas. Después de varios meses, consulta con otro profesional, dado que su obstetra y ginecólogo no le prestaba demasiada atención a sus dolores. Le indican unos análisis y se le recetan antibióticos. Antes de tomarlos, lee el prospecto con atención y al ver que, si se está bajo la sospecha de un embarazo, se desaconseja su uso por posibles daños al feto, se le impone la idea de que podría estar embarazada y que si llegara a tomar el medicamento eso dañaría al bebé y se sentiría culpable. Ella sabe perfectamente que es imposible que esté embarazada, no ha tenido relaciones con su marido desde el nacimiento de su hijo a causa de estos malestares, pero el razonamiento lógico no incide en su obsesión. Resuelve momentáneamente el conflicto realizándose un test de embarazo en forma previa a tomar el medicamento indicado.

Lo interesante es que relata toda la situación sintiéndose muy angustiada por no poder parar con ese tipo de ideas. Trae el recuerdo de la primera vez que empezaron a imponérsele ideas del estilo. Luego de terminar su carrera universitaria y empezar a trabajar, se realiza un test preocupacional. Le extraen sangre y, como es habitual, le colocan un curita en la zona del pinchazo. En ese momento ella cree ver que la curita que le coloca la enfermera tenía una mancha de sangre e infiere que entonces podría haberse contagiado HIV. Ante este recuerdo, se le pregunta por la "mancha de sangre", si le remite a otra situación. Cuenta que ella está siempre muy atenta a las manchas en la ropa cuando va a comprar, que ha devuelto prendas por creer que estaban manchadas, que al momento de probarse un pantalón lo primero en que se fija es si no tiene manchas de menstruación.

A partir de las "manchas de menstruación" se le pregunta si recuerda algo sobre su menarca. Esto nunca suele ser un detalle irrelevante en una mujer. No recuerda demasiado, salvo que estaban en una ciudad balnearia donde vive una amiga muy íntima de su mamá, a quien ella quiere mucho. Lo que recuerda es que el hijo de un vecino, unos años mayor que ella, la perseguía acosándola. Es decir, ella no entendía bien de qué se trataba en ese momento, aunque sabía que eso era algo que no estaba bien y que la incomodaba muchísimo. No lo habló con nadie porque no sabía qué decir, lo único que hacía era evitarlo y alejarse lo que podía.

Otro momento que ella ubica como acoso ocurrió unos años después. Con unas amigas van a una "fiesta de la espuma". Están bailando y unos chicos, a quienes nunca pudo ver, la tiran al piso y la manosean descaradamente. Cuando logra salir, va hasta donde están sus otras amigas y les dice "Chicas, no se metan allí". Ahora se pregunta por qué no hizo algo más, por qué no denunció al empleado de seguridad; también se reprochó en ese entonces haberse metido en el *slam*. El reproche por "no haber hecho algo más" es algo que insiste en muchas cuestiones de su vida, desplázandose al modo de control como una especie de mandato: "Siempre puedes hacer algo más". También el "haber hecho algo (más)" esconde la relación con la culpa, que retoma la escena inicial, cuando pudo estar embarazada sin "haber hecho nada".

Hubo una época en que casi no se conocían los casos de obsesión en las mujeres. Hoy en día son cada vez más comunes. De acuerdo con lo que decía al principio, ¿qué lugar hay para la creencia en análisis? ¿Cómo creer sin caer en el control, en la idea de que todo se puede saber?

Cada vez es más difícil que alguien se abra a la experiencia de análisis, ese tiempo en que no sabemos muy bien qué pasa ni qué pensamos, para poder recibir alguna que otra interpretación, una palabra que nos diga algo que nos ponga en cuestión. Sin embargo, para eso es preciso reconocer que necesitamos que la creencia no se cierre sobre sí misma, que no se vuelva autocomplaciente, que se abra mejor hacia la confianza.

Un psicoanalista no es un abogado ni un cura. Tampoco es alguien que crea mucho en el psicoanálisis. Sin embargo, toda su práctica gira en torno a la creencia, a lo que se puede creer, a lo que se desconfía. Para analizarse, no hay que creer en el análisis, sino en la palabra. Porque solamente esta es la vía para desarticular los nudos mentales que hoy se presentan como obsesiones reactivas, cada vez más habituales, cuyo motivo está en el anhelo de querer manejar la vida.

Para responder a esta ilusión, el psicoanalista se ofrece como mucho más que un profesional o un experto. Es una pareja, en la medida en que es alguien con quien vivir un tránsito, hacer un recorrido de experiencia, después de la cual quizás no se aprendió demasiado (¿de dónde salió esa costumbre de que todo implique un efecto didáctico? ¿No es otro tipo de idea obsesiva?), pero se vive con más alivio. Por haber dejado en el camino algunos ideales. Por haber des-idea-lizado también la idea de pareja, para que esta no sea, entonces, una "idea", sino un encuentro fecundo, transitorio, pasajero.

De la omnipotencia a la impotencia

Luego del apartado anterior, en que me detuve sobre la desidealización y el modo en que el analista puede ocupar el lugar de pareja; después de haber puesto en cuestión la versión omnipotente de la terapia, voy a considerar su contraparte: la impotencia.

En principio, quisiera decirle al lector que soy un mentiroso. Entiendo que no hago una confesión excepcional, digo mentiras de la misma manera que todo el mundo. Tal vez a veces lo disfrute; en ciertos casos, cuando digo una mentira, siento un particular regodeo en mi propia ridiculez. Al mentir, siempre me siento niño. Por eso trato de no hacerlo demasiado.

Ahora bien, si me declaro "mentiroso" en esta oportunidad es porque mentí y no lo sabía. No digo que mentí y creí mi mentira. Digo que mentí y me descubrí a mí mismo. Me explico mejor: en mi último libro (*El fin de la masculinidad*) escribí que en la época freudiana el síntoma privilegiado era la frigidez de las mujeres, mientras que hoy en día se trata de la impotencia de los varones. Freud es preciso: "Si se pregunta cuál es la afección por la que se le solicita asistencia más a menudo a un analista, este deberá responder que es la impotencia".

Es cierto que Freud considera la frigidez femenina (más bien histérica) una forma de impotencia; sin embargo, esto no altera el resultado. Freud es explícito. Y lo que más me sorprende es que yo conocía a la perfección la referencia que mencioné antes. ¿Por qué no quise enterarme de lo que ya sabía? Pienso, si ahora no tengo más remedio que intentar ser honesto, que quería rivalizar con Freud. Me da vergüenza escribirlo, pero es así. Que sienta vergüenza indica que estoy en lo cierto.

En mi libro quise situar una diferencia entre la época de Freud y la nuestra; un poco alegre por mi descubrimiento –con una alegría que es la otra cara de la angustia–, eché mano de un típico conflicto viril para sentirme seguro. Soy mentiroso, aunque tendría que reconocer que lo hice neuróticamente; es decir, sin querer queriendo. No me cabe mérito ni heroísmo. Mentí para demostrar mi potencia, en un momento de angustia, algo que solo se puede hacer frente a otro hombre.

Como todo hombre, soy una mentira. Aclaro: no digo que sea "de mentira". Digo que padecí un conflicto, me angustié y resolví mi malestar de manera neurótica: con una demostración de potencia que solo demuestra mi impotencia. Lo extraño es que a pesar de todo, tengo razón. Porque cuando Freud habla de la impotencia masculina, la vincula con la presencia del deseo y, por mi parte, creo que la impotencia que hoy en día sufren muchos varones –y por la que consultan– está en las antípodas del deseo. Me interesa esta distinción: Freud dice que un varón demasiado interesado (en un deseo) puede ser que pierda su potencia, ya sea porque el deseo se le representa hostil, o bien porque es capaz de sentir culpa, entre otros motivos; por mi parte, planteo una idea diferente: hoy en día la impotencia masculina no tiene como causa un deseo ardiente, sino el efecto que tiene en un varón querer aferrarse a una imagen de potencia.

Freud y yo estamos de acuerdo en un punto: un varón potente es cualquier cosa, menos un ser deseante. Después de todo, por esto mismo es que Freud entronizó la frigidez como síntoma histérico: una lectura vulgar diría que las mujeres de la época freudiana no gozaban porque los tipos eran unos tontos que no se ocupaban del placer femenino. Una interpretación de este estilo, que orgullosamente podría remitir a la sociedad patriarcal, olvida lo más importante: para Freud, la histérica era la que, en plena sociedad patriarcal, le decía al varón que se creyera potente: "Así no me vas a coger, contigo no voy a gozar". El psicoanálisis del siglo XXI, timorato y atento a los discursos de la época (antes que a su práctica), a veces quiere dejar de lado la noción de histeria, cediendo a una visión victimizada de la mujer victoriana; pero así olvida que, si Freud refundó la categoría clásica de histeria, fue para destacar su papel subversivo, su condición objetora, su derecho a la inconformidad.

Pero volvamos a mi pelea con Freud, a la tonta rivalidad con Freud, a quien le doy y le daré siempre todas las razones, porque también tengo las mías. Dije que quise hacer gala de potencia, pero no hice más que exhibirme impotente con una mentira. El mío es un caso típico de impotencia masculina en este siglo. A muchos varones les ocurre que hablan de esto mismo, pero en otro contexto. Afortunadamente, a mí me pasó mientras escribía un libro. Si dijera que fue la única ocasión, mentiría.

El contexto más común en que la impotencia viril ocurre hoy en día es en el ámbito sexual. En la cama. Es un relato común en la consulta. Después de un encuentro (cita o paseo, salida en sentido amplio) llega el momento de la verdad y, entonces, el varón se detiene. Algo no funciona. *Eso* no funciona. Sin embargo, no se trata de un deseo que se desborda y produce el efecto contrario; más bien, hay una escena que no termina de ser. Hay varones que dicen que se desconcentran y en ese punto un analista no podría dejar de preguntar qué otra cosa reclama su atención. No es raro que cuenten que están mucho más pendientes de si van a poder (o no), que de disfrutar. Dicho de otra manera, así se reconoce una primera fantasía en la causa de la impotencia: la identificación con ese ser ultraviril que ellos deberían ser y no son. En esta fantasía, la expectativa de ser un tipo de semental cumple un papel inhibitorio. Recuerdo a quien alguna vez se refirió a este protohombre que habita en la mente de los impotentes como "el garchador".

Esta última expresión tiene un sentido ambiguo, porque denota también aquello en lo que un varón puede convertirse cuando busca aspirar a un ser de máxima potencia: en un objeto parecido a un instrumento. Dicho de otra manera, "el garchador" declina muy rápido de semental a un consolador inerte. Así puede advertirse que la potencia encubre la impotencia, lo cual también se reconoce en este otro desdoblamiento: en varones que sufren de impotencia es común otra fantasía, la de que la destreza en el acto sexual es garantía de lazo (o que una buena cogida enamora). No es que esto no sea cierto, sino que es una fantasía fálica: ¿qué quiere una mujer (o aquella persona con quien uno se acueste)? Un buen falo. ¿Qué le hace falta a una mujer (o aquella persona con quien uno se acueste)? Un buen revolcón. En fin, no hace falta saber mucho de psicoanálisis para darse cuenta de que la interpretación fálica del deseo sabe muy poco del deseo, al que puede olvidarse en el camino y, por lo tanto, impotentizar.

Por otro lado, este falicismo frenético del impotente suele desconocer otro aspecto del que también suele hablarse mucho en la consulta: que no hay nada más intimidante que otro cuerpo; que el cuerpo del otro es, en principio, lo más extraño, porque expone la extrañeza del propio cuerpo (que puede volverse eréctil por motivos misteriosos). Quien resulta impotente suele hacer del cuerpo del otro un objeto por penetrar, sin reconocer los tiempos que implica entrar en otra corporalidad, dejarse envolver y, por lo tanto, saber que penetrar, antes que una actividad, implica más reconocerse pasivo. En el deseo, nadie penetra a nadie. Esta es la escena de potencia. En el deseo, todos somos penetrados.

Asimismo, la sumatoria de estos aspectos (la incidencia de la fantasía de potencia, instrumentalización del placer para otro, con el consecuente descuido de la propia excitación, la búsqueda de un sexo ideal y garantizador) tiene como correlato un talante anímico específico en los impotentes: la culpabilidad. El impotente suele hablar de su impotencia con culpabilidad. Esto es lo primero que un analista debe notar, como forma de reconocimiento diagnóstico, antes de empezar a tratar el complejo entramado de las fantasías que desarrollé antes.

Podría mencionar otras consideraciones para hablar de la impotencia masculina, por ejemplo, su habitual deriva hacia los celos. El celoso impotente suele fantasear con ese otro que haría lo que él no puede (celos típicos de este tenor son los retrospectivos, es decir, por las parejas anteriores), pero este es tema para otro artículo. En este punto, me alcanza con haberle respondido a un lector de mis notas en ElDiarioAr, que me sugirió el tema en cuestión, a partir de mencionar lo común de este fenómeno, a lo que yo quisiera agregar el uso recurrente de pastillas para solucionar la impotencia, al menos durante un tiempo, porque también existen las consultas para luego tratar la dependencia respecto del fármaco. Tarde o temprano, la impotencia no resuelta reaparece.

Para concluir este apartado, antes de pasar a un caso clínico, voy a enfatizar dos puntos: por un lado, que la impotencia viril es un síntoma tratable y que, por lo tanto, desestimarlo es más costoso; por otro, que el complejo de fantasías que mencioné antes tiene una raíz infantil, ya que en la expectativa de una potencia incólume y una satisfacción plena del otro no se realiza otra actitud que la del niño que gratifica a su madre. Solo a un niño le cabe ser ese falo seguro de sí mismo. A partir de cierta edad, a los varones no nos quedan más que las mentiras, las que decimos a propósito y las que nos sorprenden.

La impotencia masculina

Tomás (31 años): *Hace tiempo que arrastro un problema. Voy a ser directo: no se me para siempre cuando estoy con una chica. Tomé Viagra varias veces, pero ya me da flojera seguir haciéndolo, ja ja ja. El tema es que me sigue pasando. Fui a un médico que me dijo que es de la cabeza, que me pongo nervioso, pero tampoco me sirve mucho que me digan que me relaje. Por ejemplo, el viernes próximo tengo una cita y ella va a venir a mi casa, ¿qué hago si no tomo la pastilla?*

Me encanta, Tomás, que seas directo. Te lo agradezco, pero me pregunto si esto no será parte del problema. En psicoanálisis, a veces un pequeño detalle muestra la trama del conjunto.

Por otro lado, cuando un psicoanalista escucha, es inevitable que invadan su mente imágenes. A veces obedecen a sus propios devaneos, pero otras son el resultado de eso que intenta poner en palabras. La expresión "Hace tiempo que arrastro" me hizo evocar esa frase popular que habla de "Patearse las bolas" y se me vino a la cabeza la imagen de un tipo que lleva los huevos a rastra. Creo que de algo de esto vamos a conversar.

"No se me para siempre", dice Tomás. ¿Qué expectativa es esa? Primero, me gusta la estructura de la frase. Tomás no dice "No siempre se me para", sino que pone en otro lugar el adverbio y eso es algo para prestar atención: ¿acaso quisiera que se le pare para siempre? Segundo, ¿qué querría que sea para siempre en el encuentro con una chica? Porque da la impresión de que quiere hacer del sexo una especie de garantía. Como si la idea de que algo no funcione implicase una pérdida, un "nunca más".

En otro punto, el planteo de Tomás es esclarecedor en lo que sigue: es muy común que varones jóvenes recurran al Viagra para resolver el conflicto de impotencia, pero sin atravesar el desafío que impone asumir la posibilidad de no poder. Porque no es igual el hecho de no poder que quedarse impotente. Asimismo, me parece genial que Tomás nos muestre cómo a veces poder, sin que importen los medios, a cualquier costo, es una paja más. Creo que esto es lo que Tomás ya no quiere para su vida; es una gran iniciativa, y por eso vamos a intentar ayudarlo.

Coincido con él en que, ante ciertos conflictos, no sirve de nada que nos digan que nos relajemos. Que sea de la cabeza no quiere decir que sea cuestión de poner ganas y ya está. Un conflicto psíquico exige una decisión, querer hacer algo de otro modo; y Tomás, encima, tiene que resolverlo ¡antes de mañana!

Entonces, vayamos por partes. Retomemos algo que dije antes: pareciera que Tomás siente que tiene que coger, porque eso aseguraría el encuentro con una chica. Este es uno de los modos del mandato de masculinidad, en la medida en que el varón es tal si puede ostentar su potencia, hacer gala de su erección; pero hay algo más: no solo está el miedo de fallarle al ideal viril, sino que también se nota el temor que le genera a Tomás el encuentro con una mujer. Y está muy bien, Tomás; si una mujer no te da algo de miedo, estás solo o, peor, haces de la mujer un objeto y por suerte ya no te alcanza la paja ni el falo para esconderte.

Te voy a contar una historia. Hace muchos años, un amigo tuvo una primera salida con una chica. Fueron a la casa de ella y, en ese primer encuentro, él no pudo. Entonces no le quedó más remedio que dormir abrazado con esa mujer, de la que terminó por enamorarse. Hoy es la mamá de su hijo. Así que tienes razón, hay que tenerles miedo a las mujeres, pero es un temor que puede ser muy lindo.

Te vas a juntar con una chica en tu casa, ¿te fijaste cuánto te gusta? Que no te pase que pensar demasiado en si vas a poder te haga olvidarte de conocerla, de ver qué se da entre ustedes; no tienen por qué coger si no estás cómodo, un cuerpo no es un cacho de carne, es algo que se hace de a dos. Esto es lo más hermoso del sexo, que se descubre el cuerpo propio a través del otro y viceversa, pero eso requiere tiempo.

No seas tan directo, Tomás, dejate llevar por el rodeo; no hace falta reducir el sexo a la penetración ni, mucho menos, creer que la penetración es algo que alguien le hace a otra persona, porque así reduces el erotismo a un mecanismo que funciona o no, a un acto administrativo. Me haces acordar de un poema de Leticia Martin que dice: "Lo malo de coger/ es que después de coger/ ya cogiste".

Capítulo 12

ANIMARSE A DESEAR

El deseo es una fuente de sufrimiento. Por un lado, porque pocas veces están dadas las condiciones para su realización, entonces, representa una exigencia de búsqueda de medios para conseguirlo; por otro lado, su empuje es indomeñable e implica una tensión creciente.

Quien desea vive en la inquietud, como lo demuestra el curioso que padece el frenesí de un querer ver que no se complace con ningún objeto. Esto demuestra también que todo deseo es deseo de desear, por eso ocurre que, cuando un deseo se realiza, no nos sentimos del todo satisfechos; a veces sobreviene una sensación de vacío, si no la distancia entre lo que esperábamos y lo que encontramos.

Sin embargo, esta distancia –que sin duda es decepcionante– no siempre nos quita las ganas. A veces hasta relanza el deseo, y ahí volvemos a la inquietud decidida. ¿No es esto curioso, que el deseo nazca de la decepción, si no reconocemos que incluso hay un núcleo decepcionante en todo deseo? Quizás por eso hay quienes permanecen aferrados a la fantasía. También están quienes prefieren estar tranquilos y ya no desear. Hoy en día son cada vez más; pero no nos apuremos, no hagamos un diagnóstico sociológico. Más bien habría que reconocer que el deseo incomoda al deseante, a veces pone en cuestión sus ideales, también otros de sus deseos; por eso suele ser necesario que quien desea se las arregle para hacer algo con esa fuerza que lo acicatea.

El modo más común de responder al deseo es reprimirlo. ¿Qué quiere decir esto? En principio, no quiere decir dejar de realizarlo. Más bien implica hacerlo de manera neurótica. Por ejemplo, a medias, borrando con el codo lo que se hizo con la mano, sin darse cuenta, haciéndose el tonto, cada quien con su estilo. Es lo que le ocurre, para el caso, a quien tiene que rendir un examen de una materia que le gusta, en una carrera que eligió y no puede dejar de ponerse nervioso. ¿No tendría que ser una persona feliz de ir a demostrar cuánto aprendió de un tema que le interesa? Sin embargo, si es neurótico, lo que hará será reprimir ese deseo y, por ejemplo, lo intercambiará por una fantasía en la que, tal vez, tema encontrarse con la oscura voluntad de un profesor malvado, mientras que la fuerza de su deseo se irá a alguna parte de su cuerpo: quizás tenga dolor de panza o, peor, diarrea. Así es que, finalmente, rendirá el examen, sin disfrutarlo en absoluto y lo que luego ocurrirá es que tal vez se reproche ese modo de actuar.

La neurosis es un modo de hacer las cosas, a través de la represión de los deseos o, mejor dicho, con el retorno de deseos reprimidos. Por ejemplo, hay quienes solo pueden hacer ciertas cosas como si no se enteraran; con cierta ficción confusional ("Ay, no sé cómo pasó"), se los suele llamar "histéricos". Nunca saben bien por qué les pasó lo que les pasó, es como si no hubieran estado en la escena del deseo. Por eso, para los histéricos siempre se trata de su pasividad ante el deseo de los demás, quienes son los que tienen la iniciativa, o bien (les) hicieron esto o lo otro. Este es un modo exitoso de reprimir, de enfrentar el conflicto que representa el deseo. Aunque también otro estilo bastante común es la obsesión, y consiste en transformar el deseo en una obligación que viene de afuera. "Tengo que rendir un examen", dice el obsesivo, como si allí no hubiera ningún deseo. Así es que la obsesión es una manera de transformar el conflicto con el deseo en otro tipo de tipo de conflicto, uno con el superyó.

En la práctica del psicoanálisis es muy importante distinguir entre conflictos con el deseo y conflictos con el superyó. En los primeros se trata –como dije– de encontrar los medios para realizar el deseo; mientras que el superyó es la instancia psíquica que nos plantea que solo hay un modo de hacer las cosas. Esta distinción es muy importante, porque, diríamos, hoy en día es mucho más común encontrarse con personas que sufren de los mandatos que se imponen antes que del deseo. Pensémoslo con un ejemplo, el de una mujer que ronda los 40 años y se debate acerca de tener un hijo. Es una mujer que ya tuvo un hijo en un primer matrimonio, que concluyó luego del nacimiento del niño y, después de unos años sin parejas estables, volvió a conocer a alguien.

En un primer momento de su análisis, el tratamiento tuvo que apuntar a curarla de unos celos histéricos, que surgieron en el contexto en que se planteó la posibilidad de la convivencia en la pareja. No es extraño que un acto produzca un síntoma, es lo que nos demuestra que ahí estamos implicados a partir de un deseo. Ahora bien, ¿qué deseo tuvo que recurrir a la represión para que esta convivencia fuese posible? Luego del momento inicial de la relación, basada en el enamoramiento, llegó la ocasión de buscar algún tipo de seguridad en la continuidad. Sin duda, estos no fueron pensamientos conscientes, por lo general a nadie le gusta enterarse de qué piensa, cuáles son sus ideas originadas en el temor, de qué fantasías huye. Más bien, cierto día ocurrió que esta mujer pensó que estaría bueno que su pareja se fuese a hacer otra cosa, para así poder ella dedicarse a lo que tenía ganas de hacer esa tarde. De este modo, para ella la presencia del otro es una suerte de centro exclusivo en torno del cual gira, le costaba mucho encontrar su tiempo sin sentir que se lo sacaba al otro. El complemento de este pensamiento fue la situación en que encontró una caja de preservativos en el bolsillo del saco de su pareja. ¿Tendría una amante? Así es que empezó acechar los movimientos de su pareja y, eventualmente, hacerle preguntas insidiosas. ¿Dónde había estado? ¿Qué había hecho? Con el análisis, los celos demostraron ser el retorno de la renuncia a su propio deseo de otra cosa, dado que, celosa, también podía autorizarse a hacer ciertas cosas que, de otro modo, no podía. Un síntoma, entonces, expresa la represión de un deseo, pero también es la vía para que ese deseo encuentre su realización desfigurada, asumida, porque, si no, produciría culpa, o bien entraría en contradicción con valores o formas de vida que se creen más aconsejables.

Freud tenía una concepción muy interesante del sufrimiento cuya fuente es el deseo, y es que corresponde a personas que son jóvenes. Por eso Freud tenía la idea de que la histeria es un síntoma de juventud, que con los años tendía a desaparecer. En nuestra sociedad, en la que se vive una tendencia a la adolescencia prolongada, hay una suerte de relativa desaparición de la histeria, aunque también cada tanto aparece alguna, con algún que otro síntoma episódico –como en el caso de esta mujer–, pero después de ese tiempo de análisis se logra advertir que el sufrimiento tiene otra fuente, mucho más relacionada con el superyó. Para Freud, era comprensible que el sufrimiento superyoico ganase más lugar en la vida con los años, porque ahí es cuando también se muestra el efecto de los rasgos de carácter, de la pérdida de plasticidad psíquica; en fin, las mañas. Con los años, el narcisismo también le gana terreno al deseo; no nos olvidemos que para Freud aquel fue el primer nombre de una fuerza que obstaculizaba el erotismo. Incluso para Freud el narcisismo fue el modo de nombrar una primera versión de la pulsión de muerte, cuya eficacia luego asumió el superyó. En un texto como *El yo y el ello* directamente dice que el superyó es un cultivo de la pulsión de muerte.

Ahora bien, ¿qué es lo mortífero del superyó? Como ya dije, impone que las cosas se hacen de una sola manera. Por eso el superyó no solo representa una ley para lo psíquico, sino la presencia de mandatos. Una mandato no admite interpretación, sino que "se hace así". En nuestra vida, muchas veces nos encontramos con situaciones en que alguien nos muestra otra perspectiva para algo que hacíamos de manera mecánica y, a pesar de lo trivial del consejo, decimos: "Nunca lo había pensado". El superyó es lo impensable, lo que no está permitido pensar, porque produce culpa. Nunca lo habíamos pensado, sí, pero lo volvemos a hacer como siempre. Para la práctica analítica, esto es central, porque muestra que el análisis del sufrimiento superyoico no se realiza a través de levantar la represión del deseo, sino que requiere otra maniobra. Aquí es donde cobra especial importancia el recurso al duelo, porque es el único antídoto contra la culpa. Sin embargo, esto no es tan fácil, ya que no hay manera de hacer un duelo sin aceptar cierta pérdida de amor. También es cierto que no hay manera de amar si no perdemos el amor desde el cual habíamos aprendido a vernos a nosotros mismos.

Esto que parece algo complejo, lo explicaré mejor con la continuación del caso que mencioné antes. Luego del análisis de los celos, llegó el conflicto significativo. Dada la convivencia de la pareja, para esta mujer se representó la idea de tener un hijo. Otro hijo. Una de las cuestiones más interesantes que noté luego de algunas sesiones fue que este deseo no se presentaba esta vez como en la otra ocasión. En su juventud, ese deseo estuvo asociado a la pareja con que se casó; dicho de otro modo, ella quiso tener un hijo "de" este hombre. Ella lo amaba mucho y, por cierto, ocurrió que algo de este amor se desplazó al niño cuando nació. Así fue que, con la llegada del hijo, empezaron a surgir problemas en la relación. En cierto momento se dio otro embarazo, que luego no prosperó, pero cuando ella se lo comentó a él, este se opuso. Fue entonces cuando ella dijo: "No lo amo más".

¿Qué muestra esta secuencia? Que ella no puede amar a un hombre sin verlo con la condición de que sea un padre potencial. El problema es que, con el nacimiento del hijo, también ocurre que deja de amar, porque ese amor trasvasa hacia quien termina siendo un sustituto del padre. Nada de esto es patológico, es la historia de Edipo: cualquier niño amado actúa la fantasía de parricidio, que ya ejecutó su madre. Sin embargo, para esta mujer se trata de otra cosa en este momento. Ella quisiera tener un hijo "con" su pareja y, como suele ocurrir en psicoanálisis, un cambio en la preposición representa una total modificación en el escenario del deseo. Ella querría que él quiera tener un hijo con ella, sobre todo porque ya no son jóvenes, ¿qué otra cosa podría hacer? ¿Esperar? Pero, ¿qué ocurriría si después de un año, o dos, él le dijese que no quiere? Lo cierto es que él no podría tampoco garantizarle qué va a querer de aquí a ese plazo. Entonces, la pregunta es otra: ¿por qué ella necesita la seguridad de ese consentimiento a futuro? Aquí es que se hace sentir la presencia del superyó. El desplazamiento a que él quiera se trata de la condición de que un hijo sea engendrado en una pareja, aunque el deseo esta vez no provenga del encuentro con este hombre. Como ya dijimos, no es lo mismo tener un hijo "con" alguien, que querer un hijo "de" alguien.

Ahora bien, ¿de dónde proviene esta condición? ¿Por qué la pareja es el horizonte y límite para el deseo hijo? ¿Qué amor habría que perder para trascender esa condición? Quizás ya no el de un hombre, sino el de ciertos ideales culturales y parentales. El punto es que, llegada cierta edad, esa condición no admite una espera indeterminada. Además, se corre el riesgo de algo más peligroso que la neurosis: forzar la paternidad nunca es algo que los hombres se tomen a bien. La mayoría de ellos dice que no, e incluso están los que rechazan la paternidad solamente para rechazar a una mujer. En la paternidad es tan íntimo el lazo del hombre con el amor que puede sentir por una mujer, que eso lo puede predisponer tanto a lo mejor como a lo peor. Dicho de otra manera, la paternidad de un hombre se define en si puede quedar en deuda con el amor de una mujer, o no. A un hombre se le puede pedir que reconozca su responsabilidad biológica sobre un acto de fecundación, pero la paternidad no se puede forzar. La paternidad a demanda no existe, por eso es tan compleja la situación de quienes buscan de antemano a hombres que "quieran ser padres". Desde el punto de vista consciente, estarán los que digan que sí, pero desde el punto de vista inconsciente, eso que dicen es un contrasentido.

De regreso a nuestro caso, en función de las consecuencias que implicó el análisis, es interesante que, advertida de que ella había llegado a ese deseo de hijo por fuera del encuentro con el hombre que era su pareja o, mejor dicho, con él, pero no como un hijo necesariamente suyo, esta mujer decidió dejar de pedirle a este hombre que le dijese el momento en que estaría dispuesto a tener un hijo, y se encaminó hacia una inseminación. Si él quería, con el tiempo, podría ser el padre. Si no, continuarían como pareja, con una convivencia como la que llevaban hasta ese momento. Ahora bien, hacer la experiencia del análisis de las condiciones superyoicas de su deseo no fue fácil. Implicó cierta cuota de sufrimiento, tener que repensar si acaso ese deseo podía permanecer sin esa prueba de una pareja. Eso es lo que tiene el superyó, que a veces nos puede hacer creer que es también el límite de nuestro deseo. Y a veces lo es. Por fuera de ciertas condiciones, el deseo puede perderse; pero aquí es que viene el turno del duelo, porque es preferible perder un deseo a que se sostenga mortíferamente, sobre todo cuando las posibilidades de realizarlo se volvieron imposibles. Eso puede enfermar más que una neurosis. Esto es importante; pensemos lo siguiente: le podríamos haber dicho que para ser madre no es necesario el embarazo, incluso a veces no es suficiente. Sin embargo, para quien vive ese deseo articulado a esa condición, puede ser que esté perfectamente de acuerdo (intelectualmente) con nosotros, pero todo lo que le decimos es palabra vacía.

Llegado cierto punto de la vida, lo fundamental es no sufrir de lo que pudo haber sido y no fue. No por nada, llegada cierta edad, comienzan las depresiones, melancolías u otro tipo de enfermedades severas. Aquí comienza el reino de la pulsión de muerte. Por eso el psicoanálisis orientado hacia las condiciones superyoicas de la existencia es capital, no para que los deseos se cumplan, sino para que no sean un lastre morboso y mórbido. Hoy en día, cuando muchas de las personas que consultan ya no tienen la edad en que podrían buscar demasiados medios para los deseos, en que el acicate de estos es mucho menor y los conflictos con el superyó ganan protagonismo, quizás ya no podemos volver a ser jóvenes, pero sí recuperar la jovialidad de un deseo capaz de reformularse.

¿Puede haber sexo entre amigos?

Franco (24 años): *Es la primera vez que le escribo a un profesional. Quería preguntarte por el sexo entre amigos. Con X somos amigos hace mucho y a veces tenemos relaciones, pero no queremos ser novios. Un tiempo estuvimos juntos, en mi casa la conocen todos, nos dicen que tendríamos que ser pareja, hasta una vez nos peleamos porque yo le dije de empezar algo serio y ella no quiso. Por suerte, porque yo tanto no quería, pero no sé, es todo muy confuso. Estas cosas ¿pasan?*

Muchas gracias Franco por tu correo. En principio, me da mucho gusto recibir esta carta de alguien joven como tú. Creo que eres, por lo que sé, el lector más joven de los que escribió a esta sección. Me alegra pensar que esta columna puede ser útil también para las nuevas generaciones.

¡Aunque ya no eres tan joven! Me pregunto: ¿por qué todavía seguimos pensando en la juventud de quienes tienen 20 años, cuando a esa misma edad nuestros abuelos quizás ya estaban casados, con hijos, etc.? Sin duda, esto demuestra un cambio enorme en los modos de vida de un tiempo a esta parte. En la sociedad actual, la adolescencia se vive de manera prolongada y, por ejemplo, ciertas cuestiones que antes tenían que estar más o menos resueltas con el cambio de década (por ejemplo, irse de la casa familiar, tener un trabajo, etc.), hoy apenas se están empezando a pensar.

Del mundo de nuestros abuelos a hoy, cambió la sociedad –entre los motivos que se dan para explicar la extensión de la adolescencia, suele destacarse la "sobreprotección" de los padres, pero no olvidemos que en el mundo actual es cada vez más difícil tener un empleo digno, y la falta de recursos para la independencia es constante– y, entonces, también cambió el amor.

La carta de Franco nos cuenta una situación típica de esta época; me refiero a que la idea de "pareja" entró en crisis. Ya no vivimos en el mundo del matrimonio obligatorio, con fines reproductivos; incluso ya no vivimos en un mundo en que sea necesario estar en pareja (¡ya no existen los solterones y solteronas!) para no ser estigmatizado, a pesar de que la "mirada familiar" tenga su peso. Recuerdo el caso de una amiga que hace unos años me contaba del cumpleaños de su bisabuela, quien en cada ocasión le preguntaba si ya tenía marido; como todas las veces tenía que responder que no, sintió alivio el día en que su prima llegó a la fiesta con otra mujer. Pensó que, al menos en esa ocasión, ya no sería el blanco fácil de la señora. Sin embargo, después de un rato de festejo, esta última se acercó y le preguntó en voz baja: "¿Por qué no haces como tu prima? ¡A lo mejor así puedes tener una familia!".

Esta breve anécdota muestra hasta qué punto las generaciones precedentes pueden "abrir la cabeza" en ciertas cuestiones, hasta cierto punto, siempre que haya otras ideas que no se cuestionen. Por lo tanto, aquí es que quisiera decir algunas cosas sobre cómo la amistad se convirtió en estos años en un nuevo modelo para los vínculos, que no solo no hace que la pareja sea obligatoria, sino que prepara de una muy buena manera si esta llega a ocurrir.

Puntualmente, quiero referirme a que la crisis del ideal de pareja hizo que también se debilitaran algunos rituales. Hasta hace un tiempo, la iniciación sexual de los varones tenía que ser de manera forzada, como parte de un mandato de masculinidad y, sin dar tiempo al descubrimiento de un deseo, un varón tenía que ir a "debutar" para demostrar (a otros varones) que simplemente "pudo". En este contexto, la sexualidad permanecía entramada en un desafío de potencia y poco tenía que ver con el despuntar del erotismo.

Por ejemplo, la ternura quedaba invalidada como parte de la escena sexual y, en mi rol de terapeuta, puedo decir que no son pocos los varones que así asociaron la vida con la pareja en términos de ideal de pureza, mientras que el sexo lo buscaron (y buscan) en otra parte. Creo que nadie puede decir que es entrañable un tipo de vida sexual que lleva a que los varones se vuelvan, o bien impotentes (como síntoma fundamental, porque si el sexo tiene que ver con demostrar potencia, la única resistencia es "no poder") o bien infieles.

Por eso digo: ¡no idealicemos tanto la pareja! Porque sumado a esto está también la situación de quienes buscan pareja para no estar solos, y eso no tiene nada que ver con el amor. En este punto, me parece interesante lo que escucho en diferentes jóvenes de este siglo, que cuentan que tal vez su iniciación fue con un amigo o amiga, en el marco de una intimidad que construyeron juntos, con el propósito de descubrirse, antes de que sea el principio de una relación.

Por supuesto que esto no pasa solamente entre jóvenes. También los más grandes se encuentran a veces con la erotización del vínculo con un amigo o amiga. En estos días se cumplieron treinta años de la película *Cuando Harry conoció a Sally*, que trata de dos amigos que pueden serlo hasta que pasa algo entre ellos. Probablemente esta sea la última generación de varones y mujeres para los que sexo y amistad iban por carriles diferentes. Sin embargo, hay muchos síntomas que muestran que esta división no era tan fuerte, o que su frontera era permeable: desde quienes se enamoran de amigos o amigas de sus parejas, hasta quienes se enamoran de parejas de sus amigos o amigas.

A partir de estas consideraciones, pienso que hablar de las relaciones entre sexo y amistad no es pensar en una sexualidad sin compromiso, sino todo lo contrario. Se trata de un erotismo con un compromiso diferente, que no busca barrer bajo la alfombra de la pareja todos los síntomas conocidos de otro tiempo, sino que los pone de manifiesto con el fin de que podamos pensarlos y tener vínculos en que el cuidado sea un principio. ¿Quiere decir esto que tenemos que cambiar la pareja por la amistad? No, quiere decir que tenemos que dejar de oponer una y otra, para pensar cruces más fecundos.

Tenemos el prejuicio de creer que la amistad es un típico vínculo desexualizado, pero vivirla de este modo es con un costo que ya mencioné: la aparición de síntomas, a los que agregaría una especial condición psíquica, como el refuerzo de la vergüenza por sentimientos que pueden ser esperables. Franco pregunta "si estas cosas pasan" y yo le diría que es más que normal que un amigo se enamore de su amiga, pero eso no quiere decir que tengan que forzar una pareja si no lo sienten. Entender que el amor no siempre es condición de la pareja (no porque la pareja no se funde en el amor, sino porque este no es suficiente) es parte de un crecimiento emocional.

Por ejemplo, forzar una pareja a partir de un enamoramiento, sin haber pensado cómo surgió este y qué otras cosas se pueden hacer con él, puede llevar a un deseo posesivo por inseguridad. Ojalá con los años podamos vivir en una sociedad en que se pueda estar enamorado sin creer que es preciso poseer al otro, porque, si no, sentimos que nuestro enamoramiento es vergonzoso o se confunde con sentirnos abandonados. Pensar las relaciones entre sexo y amistad no es solo pensar en un tipo de sexualidad que nació de una idea de pareja, sino también en revisar nuestra noción de amistad, para ser más y mejores amigos, para no reducir la amistad a complicidad o estar "en las malas" y poder empezar a compartir lo bueno también.

Para despedirte, Franco, quiero agradecerte nuevamente tu mensaje y espero que tu "primera vez" con un diario te haya hecho sentir cómodo y te haya dado más ganas de crecer como persona junto a X.

Apéndice

PARA QUÉ PSICOANALIZARSE

El análisis es una experiencia tan extraña (como toda experiencia) que requiere dos principios muy difíciles para quien quiere intentarla: por un lado, renunciar a la cómoda posición de "yo sé lo que me pasa, yo sé cuáles son mis problemas" (como un modo diferido de decir: no voy a aceptar la palabra de otro); por otro lado, suspender el juicio valorativo acerca de esa experiencia, en la que (como en toda experiencia) no se sabe qué está pasando ni si es bueno o malo. El paciente que juzga su análisis como bueno o malo (funciona o no, cualquier binarismo de este estilo) ya interrumpió su análisis: juzgar es la manera más habitual de interrumpirlo.

Mientras que lo más común es que quien se analiza se dé cuenta de que su análisis transcurre muchas veces cuando está haciendo otra cosa y piensa en algo que le contaría a su analista, cuando se despierta en la madrugada y piensa en recordar un sueño, en fin, advierte que el análisis es eso que pasa entre sesiones, un modo diferente de vivir; por eso el juicio valorativo respecto del análisis, del tipo "mi análisis no funciona", es un modo de resistencia que encubre un reproche al analista, quizás porque funciona demasiado y su persona empieza a aparecer en pensamientos en la vida cotidiana, mientras que en la sesión no dice nada ingenioso.

La desacreditación de una forma de vida no hace más que mostrar cuánto se le teme. Ese temor es un síntoma muy común.

* * *

Si tuviera que resumir en una encrucijada simple cuál es la operación psíquica que muchas personas deben hacer en los inicios de sus tratamientos hoy en día, diríamos que es: dejar de vivir la ausencia del otro como equivalente a que el otro no esté. La ausencia es un modo de estar (estar-ausente); por lo tanto, lo contrario de la presencia no es la ausencia, sino la distancia.

En los casos más diversos (desde un duelo por muerte de un ser querido hasta los celos amorosos basados en que no se pueda soportar que el otro esté en otra parte sin sentirse abandonado/a) se trata de esta simbolización primera, de inscribir la ausencia del otro como una forma de su presencia, para no vivir la distancia como angustiante ni enloquecedora. La relación con el analista es para muchos la primera ocasión de hacer este movimiento de subjetivación del desvalimiento.

* * *

El análisis es para "estar". Es un tiempo, un modo de vida, estar de cierta manera. Muchas personas no pueden vivir sin "hacer" y se la pasan haciendo cosas, a veces sin estar en ninguna. Es el devenir máquina productiva. Pero también existe el devenir pánico, porque el pánico es un modo de ser (no de vivir), como también lo es la locura. Es también la ansiedad, cuando se dice "soy ansioso". Pero no puede decirse "soy angustiado"; para angustiarse hay que aprender a estar, devenir situación y tiempo. Para estar hay que devenir cuerpo y no ser. Muchos análisis pasan del hacer al ser y del ser al estar. "Estar" es lo más difícil. Porque nadie elige cómo estar. Es la pasividad radical. Lo insoportable. En cualquier situación, tener que estar.

* * *

Se usa mucho la expresión "cambio de posición subjetiva", pero ¿qué es eso? La expresión no está en Freud ni en Lacan, pero no solo existe lo que Freud o Lacan dijeron. Lo importante es si nombra algo o no.

Creo que sí, pero no en el sentido en que a veces se espera que alguien se reconozca haciendo algo distinto, como si el análisis fuera para cambiar; esta es una versión yoica, ni buena ni mala, sino poco interesante. En todo caso, nos parece que es apropiada cuando nombra el sujeto que se desprende de una interpretación, cuando esta introduce una lectura en otros términos. Por ejemplo, alguien duda (síntoma obsesivo) si seguir con su pareja o separarse, se inventa mundos posibles (fantasías más o menos conscientes) con otras personas y, cada vez que piensa en irse, termina por volver. Una interpretación nunca le diría que se decida, que actúe, sino que ubicaría que no se trata de la alternativa, porque esta es para distraerse de lo fundamental: que no puede pensar en seguir sin pensar en separarse; pero la cuestión es: ¿no tendrá que separarse de algo de la relación para que esta siga? Antes que una cosa u otra, ¿no se trata del modo en que una cosa necesita otra y la incluye, al punto de que su exterioridad se revela como interior? En última instancia, el cambio de posición no es otra posición, sino su inversión dialéctica, como en la absolución hegeliana.

* * *

Se suele decir que en un análisis lo que se espera –entre otras cosas– es un "cambio de posición subjetiva", pero ¿qué queremos decir con esto? Un paciente cuenta una película que vio tiempo atrás. Se llama *Vivir* (Akira Kurosawa, 1952), y narra la historia de un hombre de unos 60 años a quien le diagnostican cáncer y pocas posibilidades de vida. Lo primero que hace es decidir "vivir" sus últimos días yendo al casino, contratando prostitutas y cosas por el estilo. Pero renuncia al poco tiempo, porque nada de eso le produce mucha satisfacción. Vuelve a su trabajo en una oficina del Estado donde reciben diversos reclamos de los ciudadanos, a los cuales solo ponen un sello y no le dan ningún trámite posterior. Es decir, su vida –si se podía llamar vida– había transcurrido de modo burocrático y rutinario. Pero al volver después del diagnóstico, cambia su posición y surge algo que lo llena de vida. No era el trabajo, no era la suerte, no era el destino. No hizo algo grandioso ni se ganó la lotería. Cambió su modo de actuar desde el mismo lugar donde había estado durante años. Es interesante ese modo neurótico en el que se actúa cuando está todo perdido, cuando no importan las garantías. Porque queremos actuar para ganar, y es una trampa, porque el deseo siempre va a pérdida. Una de las mejores formas de ganar es jugar a perder.

* * *

Es frecuente que algunas personas, luego de un tiempo de analizarse, digan que están mejor, pero que no podrían dar cuenta del porqué de esta mejoría. Otras, sin embargo, afirman que han aprendido mucho acerca de "ellos mismos" pero que no han avanzado en nada. Las dos posiciones, muy frecuentes en la práctica del análisis, se deben a un modo de olvido. Se olvidan las interpretaciones, construcciones, etc., que en forma polifónica han salido de la boca del analizante y/o del analista durante el tratamiento. O se olvida el estado en el que se llegó a la primera entrevista. El analista debe "soportar" formar parte de esos olvidos tanto como alguna vez "soportó" formar parte, como significante, del concepto de inconsciente de su analizante. El deseo del analista es refractario a cualquier reconocimiento que haga de su narcisismo una presencia eterna. Rehusar ese reconocimiento no quiere decir rechazar la gratitud que por su intermedio será al psicoanálisis mismo. Es por eso que muchas personas que han atravesado un análisis tienen el deseo de testimoniar sobre esa "experiencia".

Agradecimientos

Mi amiga Claudia, profesora a cargo de la materia sobre pareja y familia en una prestigiosa Universidad, suele decirme que me fui convirtiendo en un psicoanalista vincular y yo no sé muy bien por qué dice eso ni qué es, en sentido estricto, un psicoanalista vincular –quizá sea la mejor demostración de que lo soy–, pero sí pienso lo siguiente: que nunca tomo literalmente lo que las personas dicen de sus padres ni de sus parejas; considero que todo lo que pueden decir está afectado por la represión.

"Mis padres se peleaban mucho" puede ser una frase que esconda perfectamente bien el modo en que dos adultos se erotizaban. En esto soy freudiano ortodoxo: no creo que nadie pueda decir la realidad de su historia. Y la verdad es un dialecto de la mentira. Lo mismo ocurre con una pareja: puede ser que alguien se empeñe en criticar los exabruptos del otro en el amor, porque solo así puede permanecer como el miembro "sano" de la relación. Este es un ejemplo trivial, pero más común de lo que se piensa.

Ahora bien, por el relato de algunas personas y las construcciones a que me vi forzado en mi práctica, de un tiempo a esta parte empecé a pensar que hay quienes no pueden reprimir su historia parental o conyugal, porque algo en ese origen no estuvo: son hijos de padres deserotizados; no provienen de un deseo que los afectó, sino –por decirlo así– de un milagro de la biología, de una concepción natural. Luego estas personas buscan armar una pareja y se encuentran con las más diversas dificultades, como si el amor no estuviera contemplado en el plan de su vida. El afán de resarcir el pasado gana la partida.

En este punto, más que el capitalismo, el neoliberalismo u otra instancia social (en el sentido macro) pienso en parejas que no llegaron a libidinizar a sus hijos o que lo hicieron para que solo sean niños –porque transmitir un deseo a un hijo es para que deje de ser niño. Estos hijos luego sufren de la soledad amorosa. Nunca llego a esta idea por lo que alguien cuenta, sino a través de construcciones y formaciones de la transferencia. Es el único aspecto en que pienso que sé con seguridad algo de la constelación familiar de un paciente. Quizá por esto Claudia me dice que soy vincular con algunos casos. En otros aspectos no tengo idea, ni necesito saberlo.

En todo caso, esta es la coordenada que motivó este libro. Es una hipótesis que todavía me cuesta aceptar. Yo no pienso ideas que me resulten cómodas. Es en el marco general de lo que pienso como una crisis de la adultez en nuestras sociedades que me propuse escribir estas páginas. Como me dedico a los trabajos psíquicos, es después de pensar las determinaciones mentales y, sobre todo, inconscientes, que luego puedo darle lugar a las explicaciones sociales.

Además, confieso que estoy un poco aburrido de la respuesta permanente "Es una construcción social". No quiere decir nada, es una frase defensiva. Hablamos de lo que sea y nunca falta quien dice, con aire resolutivo y pretensión de verdad "Lo que pasa es que es una construcción social", como si así algo quedará explicado. Es un argumento hasta un poco histérico, que pone a quien lo dice en una exterioridad desafectada; la otra cara de esta histeria conversacional es hacer de lo social un ámbito de "mandatos" que nos determinan y "obligan" y, entonces, decimos "Es una construcción social", como quien dice "esto no tiene que ser así, que nada nos obligue, que nada nos impida ser libres". Más histérico no se consigue.

Entiendo que histéricos anden por ahí con este argumento a flor de lengua, pero en psicoanálisis es inadmisible. En nuestra práctica escuchamos determinaciones (no determinismos), cosas que nos afectan, lo social no es algo exterior o que viene de afuera, sino lo más íntimo. Por ejemplo, hoy se dice que la masculinidad es una construcción social, que incluso los varones la sufren; pero ¿quién escucha la voz de los varones y puede situar cómo la virilidad no es algo externo sino la realización de una parte fundamental de su vida? En psicoanálisis no podemos decir "Es una construcción social", ante lo que se nos presenta como un modo de vida y una forma de existencia.

Más que decir "Es una construcción social" –desvío hacia una falsa liberación– la cuestión está en escuchar cómo se plantea la pregunta por la virilidad para un varón –si está interesado en ser tal– a partir de verla no como un mandato u obligación sino como una exigencia a la que no puede renunciar sin traicionar lo más íntimo de su ser.

En psicoanálisis no hay "construcciones sociales", sino vida, deseo y sociedad. Esta misma idea, con la que trabajé antes en *El fin de la masculinidad*, es la que puse a prueba en este libro para pensar la pareja a partir de la hipótesis que mencioné antes. No sabía de antemano con qué me iba a encontrar y, por lo tanto, no escribí el libro aislado, sino que en diferentes momentos extendí retazos de mis ideas en diversos medios para tener algún retorno de lectores y público.

Ahora sí, entonces, quedan explicados mis agradecimientos y puedo mencionar a quienes les corresponden.

A Elda Tomasini, directora de revista *ChEEk*, quien publicó con suma confianza algunas de las ideas más osadas de estas páginas. A Martín Sivak y Silvina Heguy, por las columnas que de manera quincenal pude escribir para *elDiarioAr*. A Joselina Pilatti y Estanislao Gimenez Corte, del periódico *El Litoral*, por la sección "Conversando con un psicoanalista", en la que recibo mensajes de lectores y respondo consultas los domingos.

A Lo intempestivo, el programa de Nacional Rock (FM 93.7) en que cada quince días conversé con Darío Sztajnszrajber, Luciana Peker y María Sztajnszrajber –también a partir de correos de oyentes– sobre la cuestión de la pareja.

A la columna "Amor, amor, amor" del programa *Altavoz* (TV Pública) –conducido por Cata De Elía y Juan Ignacio Velcoff, acompañados por un panel de jóvenes súper talentosos y con Julieta Pizzarello y Len Cole detrás de cámara–, en la que fuimos conversando semanalmente muchos de los temas de este libro.

Podría agregar a las diversas instituciones, asociaciones y demás, en las que dicté conferencias –que prefiero llamar "charlas"– sobre temas vinculados. La lista podría ser interminable, prefiero excusarme con el argumento de que podría olvidarme de alguien y, además, estos agradecimientos ya son muy extensos para mí gusto.

Le agradezco finalmente a Ana Ojeda, quien al material disperso le imprimió su excelente criterio editorial. Le agradezco también que, en determinadas partes, hayamos podido conservar el estilo oral con que algunas intervenciones fueron escritas.

Por último, le cuento al lector que soy más feliz cuando hablo que cuando escribo. Curiosa conclusión para un libro. Para mí representa un verdadero cambio de punto de vista, después de tantos años dedicados a la escritura. En este momento, siento como propios los versículos de Juan 20:18: "Te aseguro que cuando eras más joven, te vestías para ir adonde querías; pero cuando ya seas viejo, extenderás los brazos y otro te vestirá, y te llevará a donde no quieras ir". Esto también lo agradezco.